Wie wird mein Kind zweisprachig?

Ein Wegweiser für Eltern

Pamela Fitzpatrick

Herstellung und Verlag:
Books on Demand GmbH, Norderstedt
ISBN 978-3-8391-7273-5

Inhaltsverzeichnis

III. Was Sie erreichen können und wie Sie vorgehen sollten 145

Vorwort

Die ständig wachsende Zahl an zweisprachigen Familien und das damit verbundene große Interesse an zweisprachiger Erziehung in Deutschland haben mich dazu bewogen, den vor einigen Jahren auf Englisch geschriebenen Ratgeber für Eltern über Zweisprachigkeit „A Parent's Guide to Bilingualism" ins Deutsche übersetzen zu lassen.

In diesem Buch werden die verschiedenen Aspekte des Themas Zweisprachigkeit in gemischtsprachigen Ehen besprochen, einschließlich all der Mythen und Vorurteile, die sich bis heute noch darum ranken. Basierend auf den Ergebnissen einer Magisterarbeit und den Langzeiterfahrungen von 45 Familien wird hier ein breites Spektrum an Meinungen und Sichtweisen präsentiert, das den Eltern Sicherheit geben und ihnen bei der Entscheidung helfen soll, den für sie besten Weg zu wählen. Gezeigt werden Nahaufnahmen des Alltags zweisprachiger Familien, deren Erfahrungen oft mit persönlichen Anekdoten veranschaulicht werden. Dabei wird diskutiert, unter welchen Bedingungen die Wahrscheinlichkeit am größten ist, dass die Kinder solcher Familien zweisprachig werden. Welche Optionen stehen den meisten Eltern offen und wie werden damit die besten Ergebnisse erzielt? Haben Eltern wirklich eine Wahl? Welche Faktoren geben den Ausschlag?

Das Buch ist bewusst in klarer und einfacher Sprache verfasst. Linguistischer Jargon und Fachbegriffe werden so weit wie möglich vermieden. Es ist für all jene gedacht, die sich, ohne spezielle Linguistikkenntnisse zu besitzen, für das Thema Zweisprachigkeit interessieren und die erfahren möchten, welche Möglichkeiten es gibt, um Kinder zweisprachig erziehen zu können. Es richtet sich aber insbesondere an die Paare mit unterschiedlichen Muttersprachen, die eine Familie gegründet haben oder eine zu gründen beabsichtigen sowie an deren Verwandte und Freunde, die der Idee von zweisprachig aufwachsenden Kindern oft kritisch gegenüber stehen.

Mein Dank gilt allen, die mir bei der Arbeit an diesem Buch geholfen haben, entweder durch ihre Teilnahme an den Befragungen oder durch anderweitige Unterstützung des Projekts. Besonders danken möchte ich meinem Ehemann, meiner Tochter und Carol Pfaff, meine ‚Magistermutter' ‚die mir viele wertvolle Ratschläge und praktische Hilfe gegeben haben, Rafael Munoz-Luno für die Übersetzung des englischen Originaltextes, Jane Hall für die Zeit und Sorgfalt, die sie dem Manuskript gewidmet hat, Philipp Offermann für die digitale Formatierung, die es in ein Buch verwandelt hat und Sabine Schneider für den Entwurf des Deckblattes.

Teil I.

Eine Einführung zum Thema Zweisprachigkeit

Wie dieses Buch entstand:
Zurück zu den Anfängen

Wirklich angefangen hat alles damit, dass ich mich vor vielen, vielen Jahren entschloss, meinen damaligen deutschen Freund zu heiraten: Was zunächst nur als kurzer Aufenthalt in Deutschland geplant war, wurde zu einem fast vierzigjährigen Marathon, der nicht nur einen Ehemann, sondern auch zwei Kinder und eine Menge deutscher Verwandter mit sich brachte.

Nach meinem Umzug nach Berlin und etwa fünf Jahren, in denen ich in der freien Zeit zwischen Windeln und Hausarbeit nebenbei noch Englisch unterrichtet hatte, stellte ich fest, dass mein eigenes Englisch langsam einzurosten begann. Das meiste, was mir in dieser Zeit an englischen Wörtern zu Ohren kam, stammte bis auf wenige Ausnahmen aus zwar lautstark, aber nicht gerade sehr artikuliert sprechenden Kindermündern, von Englischschülern, die zeitweise so viele Fehler machten, dass ich mich fragte, ob ich meine eigene Sprache noch kenne, oder aus dem Radioprogramm des BBC World Service. Letzterer erweist sich besonders für alle über den ganzen Globus verstreuten ausgewanderten Briten als wahrhaft unschätzbare Einrichtung, die aber leider eine vernünftige Unterhaltung mit einem anderen Menschen gleicher Muttersprache einfach nicht ersetzen kann.

Also schloss ich mich einem Verein in Berlin lebender britischer Frauen an, dem in etwa 50 Englisch sprechende Britinnen oder Frauen aus dem Commonwealth angehörten. Einige von ihnen kamen und gingen, die meisten aber haben Berlin zu ihrer dauerhaften Heimat gemacht oder anders ausgedrückt: wie ich auch haben sie deutsche Männer geheiratet und „anglo-deutschen" Nachwuchs in die Welt gesetzt.

Ich kann nicht behaupten, dass dieser Verein viel zur Verbesserung meines Englisch beigetragen hat. Ein großer Teil der dortigen Diskussionen wurde mit deutschen Wörtern und Phrasen gewürzt, und gelegentlich konnte man englische Sätze hören, die eindeutig wörtliche Übertragungen aus dem Deutschen waren! Für mich aber war es eine bis dahin schmerzlich vermisste kleine Ecke Großbritanniens. Ich genieße die Gesellschaft in diesem Verein sehr und bin bis heute Mitglied geblieben. Außer den regelmäßigen Treffen der Mitglieder wurden auch Barbecues im Sommer und Weihnachtsfeiern organisiert, zu denen Ehemänner und Kinder mitgebracht wurden.

Bei diesen Veranstaltungen fiel mir oft auf, in welch hohem Maße einige der Kinder zweisprachig waren, während andere mit niemandem Englisch sprechen konnten oder wollten. Die Fähigkeiten der übrigen lagen irgendwo dazwischen. Ich begann mich zu fragen, woran es liegen könnte, dass einige so gut in beiden Sprachen kommunizierten während andere dies nicht konnten. Wollten sie nicht? Versuchten sie es gar nicht? Sollte dies der Fall sein, würde es dann nicht Probleme geben, wenn sie Verwandte oder Freunde in Großbritannien besuchten oder Besuch von dort bekamen?

Diese Überlegungen waren es, die den Wunsch in mir weckten, mehr über diese „Phänomene" herauszufinden, die mit der zweisprachigen Erziehung von Kindern in der Familie zusammenhängen und zu dem Entschluss führten, dieses Thema näher zu untersuchen. Ich hatte mich schon immer für das Erlernen von Sprachen interessiert, schon bevor mein erstes eigenes Kind geboren wurde. Ich hatte deshalb an der Universität Fremdsprachen studiert, aber das war zu einer Zeit, als Linguistik noch nicht Teil des Standardprogramms der Hochschulkurse war. Als mir die erstaunlichen Unterschiede in den Englischkenntnissen der Kinder der Frauen in diesem Verein auffielen, waren meine eigenen zwei Kinder etwa zehn und zwölf Jahre alt, vielleicht auch etwas jünger. Auch die meisten anderen Kinder, die regelmäßig an den Vereinsveranstaltungen teilnahmen, waren in der Altersgruppe zwischen Fünf und Fünfzehn. Die Sprachkompetenz meiner eigenen Kinder in der englischen Sprache hätte ich zu diesem Zeitpunkt irgendwo in der Mitte des Spektrums eingeordnet.

Warum hatten sie nicht mehr erreicht? Zur Beantwortung dieser Frage muss ich in das Jahr 1970 zurückgehen, als mein erstes Kind geboren wurde. Ich weiß nicht, warum, aber damals hatte ich mir nicht die Zeit genommen, um mich zu fragen, wie wichtig mir meine eigene Sprache und mein kultureller Hintergrund waren und ob ich diese an mein Kind weitergeben wollte. Und wenn ja, in welchem Ausmaß und auf welche Weise dies geschehen sollte. Genauso wenig hatte ich mich mit meinem Partner, der ja natürlich gleichermaßen an dem Entscheidungsprozess beteiligt war, hingesetzt und dieses Thema ausführlich mit ihm besprochen. Rückblickend erscheint mir diese Tatsache unerklärlich. Vor allem, weil ich schon immer an Sprachen interessiert war, damals als Lehrerin meine eigene Sprache Deutschen beibrachte, und weil mein Ehemann, als gründlicher und logisch denkender Naturwissenschaftler sich normalerweise alles, was er tut, vorher genau überlegt. Dieses Versäumnis wird wahrscheinlich diejenigen unter Ihnen verwundern, die schon immer eine klare Vorstellung davon gehabt haben, wie sie vorgehen wollen und sich auch dann daran zu halten versuchen. Dieses Buch ist aber vor allem für die Eltern gedacht, die, wie wir damals, dem Thema ‚zweisprachige Erziehung' zu wenig Aufmerksamkeit geschenkt haben. Es ist auch für diejenigen, die zwar darüber nachgedacht haben, aber aus Angst etwas falsch zu machen, Schwierigkeiten haben, eine Entscheidung zu treffen oder aber diese Entscheidung konsequent in die Tat umzusetzen. Ich glaube, dass es viele geben muss, die in einer solchen Situation sind.

Natürlich war es nicht so, dass wir über die Frage der Sprache überhaupt nicht nachgedacht hatten. Das hatten wir durchaus gemacht. Ich sollte die meiste Zeit mit meiner Tochter Englisch sprechen, alle anderen Deutsch. Doch abgesehen davon hatten wir nichts weiter geplant. Wir hatten uns nicht überlegt, bis zu welchem Grad unsere Tochter denn zweisprachig werden sollte, was unsere konkreteren Ziele waren und was wir tun würden, falls es nicht so funktionierte, wie von uns beabsichtigt. Die wichtigste Frage aber haben wir uns sicher nicht gestellt: Wie wichtig ist das alles für uns? Was sind wir bereit dafür zu investieren bzw. zu opfern, damit sie einen gewissen Grad an Zweisprachigkeit erlangt? Welche Priorität geben wir diesem Vorhaben?

Ob die Dinge wohl besser oder einfacher gelaufen wären, wenn wir all diese Fragen gestellt und beantwortet hätten? Im Nachhinein denke ich: besser wahrscheinlich schon, einfacher aber sicher nicht. Unsere Lebensbedingungen waren für die zweisprachige Erziehung eines Kindes nicht gerade ideal. Das Englisch meines Mannes war zwar verhältnismäßig gut, doch wie so oft bei ernsthaften Wissenschaftlern ist auch er kein Freund des Smalltalks, schon gar nicht wird nur um des Redens willens geredet und es ist bestimmt nie vorgekommen, dass er eine Unterhaltung dominiert hat, egal in welcher Sprache. Während er also eher der starke, ruhige Typ ist, bin ich ganz anders, und ich fühlte mich außerdem von Anfang an mit der deutschen Sprache relativ wohl. Folglich neigte sich das Pendel auch in unserer eigenen Beziehung von Beginn an eher in Richtung deutsche Sprache. Und alle Leute in unserem Umfeld sprachen Deutsch! Nicht zuletzt meine Schwiegermutter, die gegenüber wohnte und gerne auf das Baby aufpasste, so dass ich auch weiterhin Englischstunden geben konnte. Das war einerseits eine enorme Hilfe, andererseits aber war unser Verhältnis schon immer etwas schwierig. Hätte ich nun weiterhin in ihrer Anwesenheit Englisch gesprochen, hätte sie sich, so wie die Dinge damals lagen, von der Unterhaltung nicht nur ausgeschlossen gefühlt, sondern wäre es tatsächlich auch gewesen. Sie hätte sicherlich dagegen protestiert, und ich denke, zu Recht. Einige der Eltern, die ich später befragte, waren mit diesem Problem vertraut.

Aber so viele Stunden Unterricht gab ich ja nicht, und es blieb genug Zeit, um zu Hause und sogar außerhalb der Wohnung Englisch zu sprechen. Tatsächlich wurde es einige Jahre lang zur Gewohnheit, jeden Morgen, wenn ich den Tee aufsetzte, eine Weile Englisch zu sprechen. Doch wann immer das Telefon oder die Haustür klingelte und ich gezwungenermaßen Deutsch sprach, fiel mir der anschließende Wechsel zurück ins Englische sehr schwer. Es fühlte sich irgendwie gekünstelt an. Es war einfach leichter, beim Deutschen zu bleiben und dies, so denke ich, ist ein wichtiger Punkt: Wenn Sie sich nicht fest dazu entschlossen haben, konsequent zu sein, und wann und wo immer möglich, komme was wolle, in Ihrer Muttersprache zu reden, weil Sie, komme was wolle, ernsthaft daran glauben, dass dieser Aufwand langfristig etwas bringt - dann werden Sie unweigerlich den Weg des geringsten Widerstands gehen, nämlich dieselbe Sprache sprechen wie alle anderen in ihrem Umfeld auch, vorausgesetzt natürlich, dass Sie diese Sprache gut und gerne sprechen. Zwar fuhr ich fort, Englisch zu sprechen, aber immer unregelmäßiger. Zu der Zeit schließlich, als unser zweites Kind auf die Welt kam, war es bereits deutlich seltener geworden.

Um diese kurze Beschreibung meiner eigenen Situation abzuschließen, muss ich noch hinzufügen, dass meine beiden Kinder heute zweisprachig sind. Sie konnten schon immer mehr Englisch als die meisten deutschen Kinder ihres Alters, sie konnten sich mit ihrer englischen Großmutter unterhalten und nicht nur nach einem Glas Orangensaft fragen, sie spielten Brett- und Kartenspiele mit ihren englischen Cousinen und Cousins. Ausschlaggebend aber für die Beherrschung der englischen Sprache war ein Aufenthalt in den USA: beide hatten für die Dauer von etwa sieben Monaten eine amerikanische High-School besucht, als sie in der elften Klasse waren, was zusammen mit dem relativ intensiven Englischunterricht in den letzten zwei Jahren am deutschen Gymnasium die Dinge so richtig ins Rollen brachte. Meine Tochter verbrachte weitere vier Jahre in London und studierte an der dortigen Universität. Sie hat Ihr Studium in Deutschland zu Ende geführt, wo sie sowohl Ihre Diplom- als auch ihre Doktorarbeit auf Englisch schrieb. Jetzt arbeitet sie als Dozentin an einer englischen Universität. Sie ist meiner Ansicht nach und nach allgemeinem Ermessen definitiv zweisprachig, obwohl ihr Deutsch noch immer ein bisschen besser ist. Inzwischen unterhalten wir uns fast nie auf Deutsch, nur gelegentlich bei dem einen oder anderen Satz. Sie spricht manchmal sogar mit ihrem Vater oder Bruder Englisch oder einen Mischung aus beiden Sprachen, das vermutlich aber nur, wenn ich dabei bin.

Mein Sohn hat, neben dem Besuch einer amerikanischen High-School als Teil seiner Schulbildung und drei Monaten, in denen er nach Beendigung der Schule im Auto quer durch die Vereinigten Staaten fuhr, sechs Monate an der Universität von Kalifornien studiert. Sein Englisch ist sehr gut aber etwas weniger flüssig als das seiner Schwester. Wir sprechen Englisch miteinander, aber er fällt manchmal ins Deutsche zurück. Im Gespräch mit englischen Freunden und Verwandten hat er keine Schwierigkeiten, seine Vorstellungen und Meinungen auszudrücken. Beide Kinder sind leidenschaftliche Leser zeitgenössischer englischsprachiger Literatur, worüber ich mich sehr freue, da es so viel davon gibt und ich es großartig finde, dass sie die Bücher im Original lesen können.

Ich habe diese Schilderung meiner persönlichen Erfahrungen an den Beginn dieses Buches gestellt, da ich rückblickend der Meinung bin, dass ich mir schon bei der Geburt meines ersten Kindes mehr Gedanken über dieses Thema hätte machen sollen. Wäre ich heute noch einmal in der gleichen Situation, würde ich sicherlich zumindest den Versuch unternehmen, die Dinge anders zu gestalten. Dieser Abschnitt steht aber auch deshalb an dieser Stelle, um diejenigen unter Ihnen, die wie ich einen schlechten Start erwischt haben, zu ermuntern: Lasst Euch nicht entmutigen, es gibt Hoffnung, auch für Spätstarter.

Über Zweisprachigkeit

Was ist Zweisprachigkeit und wer ist zweisprachig?

Bevor ich zu der Studie selbst komme, sollten wir uns kurz mit dem Gesamtphänomen Zweisprachigkeit beschäftigen. Die erste der beiden in der Überschrift gestellten Fragen ist etwas schwieriger zu beantworten als die zweite. Es gibt nicht nur eine einzige Definition von Zweisprachigkeit und wenn wir davon sprechen, dass jemand bilingual sei, meinen wir wahrscheinlich nicht alle dasselbe. Eigentlich ist es sogar unmöglich, eine genaue Definition dieses Begriffs festzulegen, da die Sprachkompetenz einer Person nicht etwas ist, was wirklich gemessen werden kann. Zweisprachigkeit kann verschiedene Sachen bedeuten: während manche lediglich den wesentlichen Kern von fremdsprachlichen Äußerungen verstehen, erfassen andere versteckte Feinheiten und wiederum andere verstehen absolut alles. Ähnlich verhält es sich mit dem Sprechen einer Fremdsprache: es gibt diejenigen, die fließend sprechen (worunter ich verstehe, dass sie reden können ohne zu zögern, auch wenn sie viele Fehler machen), andere stottern und stolpern, sprechen aber tatsächlich grammatikalisch korrekt und wiederum andere besitzen einen reichen Wortschatz, haben aber vielleicht einen fürchterlichem Akzent oder umgekehrt. Wie kann man solch unterschiedliche Fähigkeiten miteinander vergleichen? Hinzu kommt, dass unterschiedliche Menschen unterschiedliche Maßstäbe dafür haben, selbst Experten. Die von professionellen Linguisten vorgeschlagenen Definitionen reichen von der Eigenschaft, Sätze in einer zweiten Sprache zu verstehen, ohne diese aktiv zu beherrschen bis hin zu der Fähigkeit, in beiden Sprachen von den jeweiligen Muttersprachlern als Muttersprachler anerkannt zu werden. Für manche ist Ersteres bereits der Punkt, an dem Zweisprachigkeit beginnt.

Es ist einfacher darüber zu reden, wer zweisprachig ist als darüber, was Zweisprachigkeit genau bedeutet. Hierzu sollten kurz die existierenden Formen oder Kategorien aufgeführt werden. Ich erinnere mich, wie ich als Studentin an der Freien Universität in Berlin in meinem ersten Seminar zu diesem Thema lernte, dass die halbe Welt zweisprachig sei. Ich erinnere mich auch, mich mit diesem neu erworbenen Wissen kurz danach auf einer Party hervorgetan zu haben, um daraufhin ziemlich deutlich gesagt zu bekommen, dass das sicherlich nicht der Fall sein könne, ich müsse irgend etwas missverstanden haben, was mir ziemlich den Wind aus den Segeln nahm. Aber ich habe diese Behauptung immer wieder gehört und gelesen. Ich nehme an, auch sie hängt davon ab, was man unter Zweisprachigkeit versteht.

Bezüglich der Arten oder Typen von Bilingualismus können drei Hauptkategorien unterschieden werden, die sich erheblich voneinander unterscheiden. Zunächst gibt es die Zweisprachigkeit von Personen, die in zweisprachigen Ländern oder Regionen aufwachsen. Nicht alle Menschen in solch zweisprachigen Ländern sprechen automatisch auch beide Sprachen fließend, aber einige Teile der Gesellschaft tun es, wofür Kanada ein Beispiel wäre. Wales wäre ein weiteres Beispiel oder ein Land wie Indien, in dem schon immer viele Sprachen gesprochen wurden und Englisch als zweite bzw. offizielle Sprache übernommen wurde. Das Englische diente vermutlich, zumindest teilweise, als Mittel zur Kommunikation zwischen Indern mit verschiedenen Muttersprachen untereinander, es war aber auch eine Folge der Kolonialisierung. Dann gibt es Regionen wie Katalonien, Valencia oder die Balearen in Spanien, wo praktisch alle Menschen zweisprachig aufwachsen. Schließlich sind dieser Kategorie des Bilingualismus Sprachen wie Griechisch oder Arabisch zuzurechnen, in denen zwei Stilformen - eine gehobene und eine niedere - nebeneinander existieren, die in jeweils unterschiedlichen Orten und Situationen gebraucht werden. Viele Sprecher dieser Sprachen lernen in ihrer Kindheit beide Formen, was in gewisser Hinsicht auch eine Form von Zweisprachigkeit ist.

Die zweite Kategorie bilden die zahlreichen Länder auf der Welt, in denen sprachliche Minderheiten leben: Einwanderergruppen oder große Gastarbeitergemeinden, die ihre eigene Sprache und Kultur mit in ihre neue Heimat gebracht haben. Diese Kultur bleibt häufig deshalb am Leben, weil sich diese Familien in Nachbarschaft zueinander ansiedeln, wo sie ihre eigenen Institutionen - Zeitungen, Radiosender, Glaubensstätten, usw. - aufrechterhalten. Die Existenz einer solchen kulturellen Interessengemeinschaft macht es der ersten im neuen Land geborenen Generation oft relativ leicht, zweisprachig aufzuwachsen. Die Kinder lernen die Sprache der Eltern zu Hause und an anderen sozialen Treffpunkten, die offizielle Landessprache in der Schule, beim Einkaufen oder beim Fernsehen usw. Diese Art der Zweisprachigkeit unterscheidet sich deutlich von der Art, die wir betrachten werden.

Schließlich und drittens wachsen nicht alle Menschen, die zweisprachig werden, auch in einer zweisprachigen Gemeinde auf. Neben Kindern von Diplomaten oder anderen in der Fremde lebenden und arbeitenden Menschen gibt es eine andere Gruppe bilingualer Personen, denen das Hauptaugenmerk dieses Buches gilt: Kinder, die in gemischtsprachigen Familien aufwachsen, deren Eltern also unterschiedliche Muttersprachen haben.

Gemischtsprachige Familien

In gemischtsprachigen Familien ist häufig, aber nicht immer, eine der Sprachen auch die Sprache des Landes, in dem die Familie lebt. Diese wird im Folgenden als die „Majoritätssprache" bezeichnet und die zweite Sprache, die nicht die offizielle Sprache der Gesellschaft ist, dementsprechend als die „Minoritätssprache".

Die gemischtsprachigen Familien unterscheiden sich von Diplomaten- oder Einwandererfamilien dadurch, dass bei letzteren normalerweise beide Eltern die gleiche Sprache mit ihren Kindern sprechen und sie außerdem verhältnismäßig neu in dem Land sind, in dem sie ihre Kinder aufziehen. In gemischtsprachigen Familien ist häufig ein Elternteil ein gebürtiger Bürger dieses Landes, ist mit dessen Kultur und Bräuchen aufgewachsen und spricht daher die Majoritätssprache fließend. In dieser Hinsicht haben sie den anderen Familientypen gegenüber also einen gewissen Vorteil. Ein weiterer Vorteil ist, dass die Minoritätssprache seltener ein negatives Image besitzt und stigmatisiert wird, so wie es bei einigen Sprachen von Immigranten der Fall ist. Eine Sprache wie Englisch, Italienisch oder Französisch besitzt im Allgemeinen ein positives Image und es wird als Gewinn angesehen, wenn sie gut beherrscht wird.

Andererseits leben gemischtsprachige Familien normalerweise nicht in engen Gemeinschaften von Menschen, die die gleichen zwei Sprachen sprechen. Daher mangelt es ihnen für gewöhnlich an der sozialen Umgebung, die es ihnen leichter machen würde, die Minoritätsprache an ihre Kinder weiterzureichen. Ein weiterer Nachteil ist die Tatsache, dass bilinguale Kinder, die in gemischtsprachigen Familien aufwachsen, im Normalfall nicht beide Sprachen an ihre Kinder weitergeben. Darin unterscheiden sie sich von den so genannten „statisch Zweisprachigen", zum Beispiel Menschen im Baskenland, die bereits seit zahllosen Generationen mit zwei Sprachen aufwachsen: eine für die Interaktion mit der lokalen Gemeinschaft, eine andere für den offiziellen Gebrauch und den Kontakt mit der restlichen Welt. Es handelt sich also bei der hier besprochenen Zweisprachigkeit um eine Übergangsform. Es ist unwahrscheinlich, dass dieser Zustand länger als ein paar Generationen Bestand hat, obwohl einige der Zweisprachigen, mit denen ich gesprochen hatte mir versicherten, dass auch sie die Absicht hatten, ihre Kinder ebenfalls zweisprachig zu erziehen und es in der Gruppe meiner Interviewpartner eine Familie mit zwei bilingualen Generationen gab. Wie wir sehen werden, erfolgt sogar schon während der Erziehung eines einzelnen Kindes manchmal eine allmähliche Entfernung von der zweisprachigen Situation. Man beobachtet gelegentlich, dass, je älter ein Kind wird, es um so seltener die Minoritätssprache spricht, da es oft völlig in die vorherrschende Gesellschaft integriert wird und es ihm an Möglichkeiten mangelt, die andere Sprache zu gebrauchen und zu üben.

Untersuchungen zur Zweisprachigkeit

Wenn wir daran denken, wie viele Menschen weltweit tatsächlich mit zwei Sprachen leben, ist es interessant zu beobachten, dass Linguisten und Akademiker aus verwandten Gebieten nur recht selten die vielen sich bietenden Gelegenheiten genutzt haben, um die zahlreichen unbeantworteten Fragen zum Thema Zweisprachigkeit zu untersuchen. Es gibt in der Tat relativ wenige Studien dazu. Daher sind es häufig Personen wie Lehrer, Psychologen oder Ärzte, die den Eltern Ratschläge zur Sprachentwicklung ihrer Kinder geben.

Es gibt zwei Hauptarten an Untersuchungen zur Zweisprachigkeit. Neben den Studien zum Spracherwerb von Erwachsenen und zur zweisprachigen Erziehung in der Schule fallen die meisten Arbeiten zu diesem Thema bis heute in eine von zwei Kategorien: Querschnitts- oder Longitudinalstudien, das heißt einmalige Befragungen innerhalb größerer Personengruppen oder Langzeituntersuchungen. Die Longitudinalstudien sind im Allgemeinen Fallstudien, die meistens von

Linguisten durchgeführt wurden, manchmal an ihren eigenen Kindern. Manche laufen den größten Teil ihrer Freizeit mit Aufnahmegeräten herum und zeichnen von dem ersten Gestammel an alle Laute auf, die ihr Säugling von sich gibt. Hauptziel dieser Untersuchungen ist es herauszufinden, wie der Spracherwerb funktioniert und vor allem, wie ein Kind, das zwei Sprachen zu hören bekommt, erkennt, dass es zwei verschiedene Systeme gibt. Trennt es diese Systeme gedanklich? Und wenn ja, auf welche Weise? Einige dieser Studien wurden über viele Jahre hinweg durchgeführt, aber oft nur an zwei, drei Kindern. Bei Querschnittsstudien hingegen wird eine relativ große Anzahl Menschen innerhalb eines kurzen Zeitraumes befragt. Diese Untersuchungen werden oft in großen zweisprachigen Gemeinschaften, zum Beispiel Einwanderergruppen, durchgeführt. Es ist übrigens interessant festzustellen, dass es sich bis jetzt bei dieser Art von Studien meistens um zwei Sprachen handelte, die zur selben Sprachfamilie gehörten und damit typologisch ähnlich waren. Es mag dadurch leichter sein, zwei Sprachen zugleich zu lernen, aber darüber herrscht noch keine Sicherheit. Das werden vielleicht diejenigen ungern lesen, die ihre Kinder mit Chinesisch und Niederländisch aufziehen möchten oder mit Ungarisch und Italienisch. Allerdings gibt es eine große Anzahl von Menschen, die zwei Sprachen beherrschen, die typologisch ganz unterschiedlich sind.

In den letzten Jahren hat sich der Fokus der Forschung etwas mehr auf den Bilingualismus gerichtet, der in den gemischtsprachigen Familien vorkommt. Dazu gehören auch die möglichen Probleme und Schwierigkeiten von Eltern, die ihre Kinder in relativer Isolation ohne die Unterstützung einer Gemeinschaft oder eines anderen äußeren Netzwerks, in der die Minoritätssprache gesprochen wird, zweisprachig erziehen. Eines der Ziele dieses Buches ist es, einen Beitrag zu der Arbeit auf diesem Gebiet zu leisten.

Die Studie

Wie bereits erwähnt, kam mir die Idee zu einer Untersuchung der Bedingungen, unter denen Kinder zweisprachig werden, als ich feststellte, wie groß die Bandbreite bezüglich der Kompetenz und des Gebrauchs der englischen Sprache unter den Kindern der Frauen im britischen Club war und ich über meine eigenen Probleme mit diesem Thema nachdachte. Die Idee, Interviews durchzuführen, hatte ich schon relativ früh, aber ich bin lange nicht dazu gekommen, diesen Gedanken in die Tat umzusetzen. Nicht nur über den britischen Club verfügte ich über viele Kontakte. Es gab auch eine zweisprachige deutsch-amerikanische Schule in Berlin, und ich kannte zahlreiche Familien, die ihre Kinder auf diese Schule schickten. Viele hatten großes Interesse an dem beginnenden Projekt und erklärten sich gerne bereit, mich zu unterstützen und als Interviewpartner zur Verfügung zu stehen.

Da ich jedoch über keinerlei Kenntnisse im Fach Linguistik verfügte, dem das Feld der Zweisprachigkeit natürlich zuzuordnen ist, beschloss ich, diese Studie als Teil einer Magisterarbeit in einem akademischen Rahmen durchzuführen. Im Verlauf meines Studiums an der Universität Berlin schrieb ich zunächst eine Seminararbeit mit dem Titel „Ansichten über Zweisprachigkeit", für die ich 30 Personen im Alter zwischen 15 und 30 Jahren befragte. In dieser Arbeit wollte ich herausfinden, was junge Menschen, die zweisprachig aufgewachsen sind, im Nachhinein selbst über ihre bilinguale Erziehung dachten. Die Ansichten und Gedanken meiner Interviewpartner bei dieser Studie, die fast ohne Ausnahme sehr positiv waren, werden bei der Besprechung der Hauptstudie ebenfalls Erwähnung finden.

Die Hauptuntersuchung bestand aus einer Querschnittsstudie in gemischtsprachlichen Familien. Sie unterschied sich von vergleichbaren Untersuchungen dadurch, dass die Einstellungen und Meinungen vieler Familien betrachtet und die zahlreichen Probleme beschrieben wurden, mit denen sie zu kämpfen hatten. Und obwohl die Gruppe der befragten Menschen keinen wirklichen Querschnitt der Gesellschaft darstellte, war die Studie auch deshalb ungewöhnlich, weil nicht nur Familien aus der gebildeten Mittelklasse befragt wurden. In diesen Punkten entfernte ich mich von den meisten früheren Untersuchungen über diese Art von Zweisprachigkeit.

Einige kurze Bemerkungen zu der Stadt, in der diese Arbeit stattfand: Mit Ausnahme eines Paares, das den Fragebogen per Post zurücksandte, da es gerade von Berlin nach Frankreich gezogen war, wurden alle Interviews in Berlin und nur mit Familien durchgeführt, deren Kinder den größten Teil oder ihr ganzes Leben in Deutschland verbracht hatten. Familien, die ihre Kinder zweisprachig erziehen möchten, haben es in einer Großstadt natürlich viel leichter als in ländlichen Gegenden. Allein auf Grund der größeren Einwohnerzahl ist die Wahrscheinlichkeit, auf andere Familien zu treffen, die ihrem Kind dieselbe Minoritätssprache beizubringen wünschen, um ein Vielfaches höher. Hinzu kommt, dass die Menschen, die in Städten wohnen, der Zweisprachigkeit sehr wahrscheinlich offener gegenüber stehen als Menschen aus entlegenen Ortschaften, wo fremde Kulturen noch weniger bekannt sind.

Deutschlands alte und neue Hauptstadt war schon immer eine große, kosmopolitische Stadt und zählt heute ungefähr vier Millionen Einwohner. Für fast ein halbes Jahrhundert hatte das ehemalige West-Berlin, in dem die Studie stattfand, einen einzigartigen Status, denn es befand sich unter der Aufsicht der Alliierten Streitkräfte aus Großbritannien, den Vereinigten Staaten und Frankreich. In Berlin waren ständig mit 12.000 Truppenmitgliedern, vielen weitere Personen, die direkt oder indirekt für das Militär arbeiteten und all ihren Verwandten eine große Anzahl von Menschen, die Englisch als Muttersprache hatten, aber es gab relativ wenig Kontakt zwischen den Alliierten und der Zivilbevölkerung. Es existierten jedoch einige Einrichtungen, englische wie auch amerikanische, deren Türen auch Zivilisten offen standen und von Einheimischen regelmäßig besucht wurden. Berlin hatte damals schon eine zweisprachige und bikulturelle Schule, die deutsch-amerikanischen John F. Kennedy-Schule, zu jener Zeit die einzige dieser Art in Deutschland. Sie bietet sowohl eine Primär- als auch eine Sekundärstufe an und gibt ihren Schülern die Möglichkeit, amerikanische oder deutsche Abschlüsse zu absolvieren. Mit anderen Worten: Berlin war nicht der schlechteste Ort für einen Versuch, sein Kind in der Minoritätssprache Englisch zu erziehen.

Seit dem Fall der Berliner Mauer im Jahre 1989 ist die Zahl der Englisch-Sprechenden rasant gestiegen. Dies ist die Folge einer allgemeinen Anpassung an die Bedürfnisse einer Stadt, die sich nach wie vor in einem Prozess des totalen Wandels und des Wiederaufbaus befindet und ist vor allem auf die Möglichkeit der freien Arbeitsplatzwahl innerhalb der Europäischen Union zurückzuführen. Die genannten Veränderungen führten zur Gründung von neuen Sozial-, Kultur- und Bildungseinrichtungen, in denen Englisch als Mittel der Verständigung genutzt wird. Es gibt heute beispielsweise nicht nur viel mehr Kinos, die englischsprachige Filme in ihrer Originalversion zeigen als zu Beginn der siebziger Jahre, als ich nach Berlin gezogen bin, und verschiedene Theatergruppen, die Stücke in englischer Sprache aufführen, sondern auch eine ganze Menge Schulen, staatlich und privat, in denen der Unterricht ganz oder teilweise auf Englisch erteilt wird . Dies ist der Hintergrund, vor dem die Kinder aufgewachsen sind, um die es in den Interviews ging, wobei die älteren unter ihnen wahrscheinlich weniger Möglichkeiten hatten, außerhalb der Familie Englisch zu hören als die jüngeren.

Die befragten Familien

Mein Hauptinteresse galt den Umständen und Bedingungen, die Zweisprachigkeit bei Kindern begünstigen, weshalb es mir vernünftig schien, deren Eltern zu befragen. Im Zeitraum zwischen Herbst 1992 und Sommer 1993 führte ich in 45 Berliner Familien Interviews durch. Bei fast allen Paaren fand sich folgende Konstellation: ein Elternteil hatte Deutsch und der andere Englisch als Muttersprache. Für mich machte es keinerlei Unterschied, aus welchem Land die Englisch sprechenden Elternteile stammten. Der meisten kamen aus Großbritannien oder den Vereinigten Staaten, einige aber auch aus Kanada und Australien. (Die Tatsache, dass ihr Englisch nicht immer dem Standard-Englisch entsprach, war grundsätzlich unwichtig. Es stellte für ihre Kinder nur manchmal beim Englisch-Unterricht an deutschen Schulen ein Problem dar, aber auch das war eher selten.). Die deutschsprachigen Mütter und Väter waren alle Deutsche, und die meisten von ihnen hatten ihr ganzes Leben oder den größten Teil davon in Berlin verbracht. Die vier Ausnahmen von dieser deutsch/englischen Mischung waren: eine englische Mutter, die ihre beiden Töchter alleine erzog; eine Familie, in der der Vater selbst bereits deutsch/englisch zweisprachig war (dessen Eltern übrigens ebenfalls befragt wurden, wodurch zwei Generationen derselben Familie teilnahmen); außerdem zwei rein englische Ehepaare. Eine dieser englischen Familien nahm ich vor allem deshalb in die Interviews auf, weil die Mutter 20 Jahre lang als Vorschullehrerin an der Kennedyschule gearbeitet hatte. Sie hatte in dieser Zeit eine enorme Erfahrung gesammelt und konnte mir äußerst wertvolle Informationen über die Zweisprachigkeit von Kindern liefern. In der anderen englischen Familie war der Vater von seiner ersten deutschen Frau geschieden und seine zweite Ehefrau, die Engländerin war, half ihm dabei, die vier Kinder aus der ersten Ehe weiterhin zweisprachig zu erziehen. Es gab noch zwei weitere Briten in der Gruppe, die zweimal verheiratet gewesen waren, jedes Mal mit deutschen Partnern. Da beide in jeweils beiden Ehen Kinder bekommen hatten, wurden sie auch zweimal mit der Frage konfrontiert, ob und wie sie ihre Kinder zweisprachig erziehen sollten. Beide scheiterten bei ihrem ersten Versuch. Doch während in dem einen Fall das Thema damit endgültig erledigt war, versuchte es die Mutter aus der anderen Familie nochmals und war dieses Mal erfolgreich. In allen teilnehmenden Familien wuchsen die Kinder, maximal waren es fünf Geschwister, mehr oder weniger zweisprachig mit Deutsch und Englisch auf. Die meisten lebten vornehmlich in einem deutschsprachigen Umfeld. Insofern handelte es sich um eine relativ einheitliche Gruppe. Ich versuchte, Familien zu finden, in denen wenigstens ein Kind bereits erwachsen oder zumindest ein älterer Teenager war. Dadurch war es möglich, mit Eltern zu reden, die auf den Versuch ihrer bilingualen Erziehung wie auf eine bereits mehr oder weniger vollendete Aufgabe zurückblicken konnten. Wenn die Familie aber aus anderen Gründen interessant war, wurde das Alter nicht berücksichtigt. Am Ende handelte es sich um insgesamt 108 „Kinder" im Alter zwischen drei und dreiunddreißig Jahren.

Außerdem war ich bestrebt, Paare zu finden, in denen der Vater der Englisch-Sprechende war. Ich setzte voraus, dass in den meisten Fällen die Männer die Hauptverdiener sein würden und deshalb sehr wahrscheinlich den ganzen Tag außer Haus und seltener in der Lage, viel Zeit mit den Kindern zu verbringen. Diese Konstellation stellt die Familie vor eine völlig andere Situation, was die zweisprachige Erziehung von Kindern angeht. Die bekannte kanadische Linguistin Monica Heller, die englisch-französischen Bilingualismus in Kanada erforscht, empfahl mir vor Beginn meiner Untersuchung, dass in mindestens einem Drittel der teilnehmenden Familien der Vater derjenige sein sollte, der Englisch als Muttersprache hat. Es ist vielleicht keine Überraschung, dass sich dies als besonders schwierige Aufgabe entpuppen sollte. Es kommt schließlich immer noch sehr viel häufiger vor, dass eine Frau dem Mann an den Ort seiner Arbeit folgt als umgekehrt.

Es gelang mir schließlich, 14 solcher Väter aufzuspüren, die bereit waren, mir ihre Geschichte zu erzählen. Da ich insgesamt 45 Familien befragte, hatte ich den angestrebten Anteil von einem Drittel nur knapp verfehlt. Die meisten dieser Männer waren von den alliierten Streitkräften nach Berlin geschickt worden und waren dann dort geblieben oder sie arbeiteten als Englischlehrer oder Übersetzer. An dieser Stelle sollte vielleicht auch erwähnt werden, dass der Berufsstand der Lehrer in den von mir befragten Familien stark überrepräsentiert war. Natürlich versuchte ich, Menschen mit den unterschiedlichsten Lebensläufen zu finden, doch auch dies erwies sich als schwierig. Obwohl die Gruppe damit keinen Querschnitt der Gesellschaft repräsentierte, gab es dennoch große Unterschiede im Hinblick auf die beruflichen Tätigkeiten und die soziale Herkunft der Teilnehmer. Bei der Auswahl der Familien achtete ich auch darauf, ob sie Mitglieder von englischsprachigen Gemeinschaften oder Vereinen in Berlin waren, da dies wahrscheinlich beträchtliche Auswirkungen darauf haben würde, wie gut das Kind Englisch lernt. Obwohl keine von ihnen in einer Ghetto-ähnlichen Situation lebte, waren einige der Befragten doch sehr aktive Mitglieder von englischsprachigen Vereinen, Kirchen oder ähnlichem. Andererseits gab es auch Personen, die vollständig in die deutsche Gemeinschaft integriert waren und kaum oder gar keinen Kontakt zu anderen Menschen hatten, deren Muttersprache Englisch war.

Die Interviews

Die meisten Befragungen erfolgten bei den Familien zu Hause, zwei fanden in meiner Wohnung statt und zwei weitere auf „neutralem Boden" in einem Café oder Restaurant. Die gewünschten Informationen sammelte ich mit Hilfe eines Fragebogens, den ich zusammengestellt hatte. Er bestand aus sieben Fragenkomplexen. Mein erster Fragenkomplex beschäftigte sich mit der Vorgeschichte der Eltern selbst. Ich wollte dabei herausfinden, wann, wo und wie sie sich kennen gelernt hatten, und noch wichtiger, wie oft sie welche Sprache am Anfang miteinander gesprochen und wie sich die Dinge bezüglich der Sprachwahl weiterentwickelt hatten.

Die zweite Fragengruppe betraf ihre Herangehensweise an das Thema Zweisprachigkeit. Welche Einstellungen und Erwartungen hatten sie gehabt, bevor ihr erstes Kind geboren wurde. Hatten sie sich über Strategien, denen sie folgen würden, wie zum Beispiel gleichzeitiges oder sukzessives Lernen der beiden Sprachen, Gedanken gemacht? Hatten sie etwas zu dem Thema gelesen, sich mit Eltern in einer ähnlichen Situation beraten, mit Lehrern, Psychologen oder Menschen, die man als Experten für Zweisprachigkeit bezeichnen könnte, gesprochen? Hatten sie sich darüber Gedanken gemacht, dass es eventuell eine schwere Aufgabe sein könnte? Hatten sie spezifische Ziele bezüglich des Sprachniveaus, das ihre Kinder erreichen sollten? Falls sie sich auf eine bestimmte Taktik festgelegt hatten: ist es ihnen gelungen, diese beizubehalten, auch, dann, wenn weitere Kinder hinzukamen?

Mit dem dritten Teil der Fragen wollte ich herausfinden, ob und was sie unternommen hatten, damit ihre Kinder oft genug Englisch hörten, um die Sprache kompetent im Alltag anwenden zu können. Hatten sie versucht, Situationen zu schaffen, in denen ihr Kind dazu gezwungen sein würde, Englisch zu sprechen; zum Beispiel, indem sie sie zu englischsprachigen Spielgruppen oder Schulen schickten, englische Au-Pairs oder Kindermädchen einstellten, englischsprachige Länder bereisten oder Besuch hatten, der nur Englisch sprach? Hatten sie von englischsprachigen Büchern oder Medien Gebrauch gemacht?

Der vierte Teil beschäftigte sich damit, wie viel und wie oft Englisch innerhalb und außerhalb der Wohnung gesprochen wurde und in welchem Maße die Familie in die deutsche Gesellschaft integriert war. In diesem Komplex war auch eine Frage enthalten, die sich an jene Eltern richtete, die die so genannte Methode „eine Person-eine Sprache" gewählt hatten, bei der die Elternteile ausschließlich in ihrer jeweiligen Muttersprache mit ihren Kindern kommunizieren. Mich interessierte, ob sie daran glaubten, ihren Kindern durch die strikte Einhaltung dieser Methode erfolgreich dabei geholfen zu haben, die unterschiedlichen linguistischen Systeme gedanklich auseinander zu halten. Ich fragte auch, ob sie glaubten, damit die anfängliche Konfusion verringert zu haben, der ein zweisprachig aufwachsendes Kind nach Meinung vieler Menschen ausgesetzt ist? (Wie wir später in dem Kapitel 4 über die Vorurteile sehen werden, gibt es nach wie vor Menschen, die der Zweisprachigkeit in gemischtsprachigen Familien sehr skeptisch gegenüberstehen oder sie glattweg ablehnen, weil sie glauben, dass dies zu einer Verwirrung des Kindes führe.)

Der fünfte Komplex befasste sich mit der Frage, mit welchen Problemen Eltern konfrontiert waren, die sich zur zweisprachigen Erziehung ihrer Kinder entschlossen hatten, oder welche Probleme dadurch entstanden sind, dass sie im Gegenteil dem Englischen eine nur geringe Rolle im Leben ihrer Kinder zugewiesen hatten. Ich hoffte herauszufinden, wie ernsthaft diese Probleme waren und wie damit umgegangen wurde. Dieser Komplex beinhaltete auch die Frage an die Eltern, inwieweit ihrer Meinung nach die Persönlichkeit eines Kindes einen Einfluss auf die Fähigkeit hatte, zwei Sprachen zu lernen und zu sprechen. Glaubten sie, wie oft behauptet wurde, dass Erstgeborene es leichter hätten, zweisprachig zu werden?

Im nächsten Teil wurden die Eltern gefragt, ob und wie sie reagierten, wenn ihre Kinder die Sprachen vermischten oder wenn sie Fehler machten. Wurden die Kinder überhaupt korrigiert? Englischsprachige Eltern, die öfter Deutsch als Englisch gesprochen hatten, wurden dann gefragt, ob es ihnen nicht schwer gefallen sei, ihr kleines Kind in einer ihnen fremden Sprache anzusprechen. Schließlich wollte ich von den Eltern wissen, ob sie jemals daran gedacht hatten, das Projekt der zweisprachigen Erziehung ihrer Kinder aufzugeben.

Die letzten zwei Fragen beschäftigten sich allgemein mit Zweisprachigkeit, Bikulturalismus und mit den allgemein verbreiteten Meinungen zu diesen Themen. Wie waren die Reaktionen, die die Eltern in ihrer näheren Umgebung erlebt hatten? Wie hatten die eigenen Kinder auf ein Leben, das mehr oder weniger in zwei Kulturen stattfand, reagiert? Fragen dieser Art waren ein bedeutender Teil eines Fragenkatalogs gewesen, den ich für die frühere Befragung von zweisprachigen Jugendlichen erstellt hatte. Ihr Zweck war es herauszufinden, in welchem Maße es in Deutschland heute noch negative Haltungen zu diesem Thema gibt, die eine abträglichen Wirkung auf die Entwicklung des Kindes haben könnten. Es galt auch zu klären, ob Bilingualismus und Bikulturalismus insofern Probleme für Kinder aufwerfen, als diese sich ihrer eigenen Identität unsicher werden und nicht wissen, wo sie wirklich hingehören.

Die siebte und letzte Fragensequenz befasste sich schließlich damit, wie die Eltern – und in einigen Fällen auch die Kinder selbst – den Erfolg des ganzen Unterfangens einschätzten. Ich fragte, ob sie mit dem Ergebnis zufrieden waren und ob ihre Kinder in dem Maße zweisprachig geworden seien, wie sie es gehofft oder erwartet hatten. Da Zweisprachigkeit objektiv nicht zu messen ist, richtete sich die Bewertung des Erfolgs nach der Zufriedenheit der Eltern oder manchmal auch der Kinder mit dem Erreichten. Zweisprachigkeit wurde während der Interviews niemals definiert und natürlich haben verschiedene Menschen unterschiedliche Vorstellungen von dem, was dieser Begriff bedeutet. Verständlicherweise beeinflusste die individuelle Sichtweise die persönlichen Ziele und das Maß der Zufriedenheit. Ich fragte die Eltern auch, was sie anders tun würden, wenn sie eine zweite Chance hätten. Denjenigen, für die die englische Sprache nicht so wichtig war, stellte ich die Frage, ob sie oder ihre Kinder es in irgendeiner Form bereuten, so wenig Englisch zu sprechen oder unzureichend mit der angelsächsischen Kultur vertraut zu sein. Ich fragte auch nach den Reaktionen der englischsprachigen Verwandtschaft. Der Fragebogen endete mit der Bitte um eine Einschätzung, wie sehr und wie gut die jungen Menschen in ihrem heutigen Alltag die englische Sprache nutzten, sei es privat, beruflich, in der Schule oder an der Universität. Die Antworten auf diese Frage gaben ebenfalls Hinweise darauf, wie erfolgreich das Projekt gewesen war.

An dieser Stelle sollte darauf hingewiesen werden, dass die zwei Sprachen in dieser Untersuchung nicht nur eng miteinander verwandt sind, sondern dass das Englische, das hier die Minoritätssprache ist, aus internationalem Blickwinkel betrachtet auch eine größere Bedeutung hat. Es ist nicht nur die im internationalen Gebrauch wichtigste Sprache, sondern genießt auch ein viel höheres Prestige als das Deutsche. Besonders in der Nachkriegszeit wurden im Ausland einige Aspekte der deutschen Kultur und der Sprache, die man mit dem Land und ihren Leuten assoziiert, bis zu einem gewissen Grad auch mit den Ereignissen der jüngeren Geschichte in Verbindung gebracht und daher mit Missfallen oder sogar mit Abneigung betrachtet. Viele Deutsche selbst haben ein gespanntes Verhältnis zu ihrer eigenen Geschichte. Gleichzeitig stehen sie der englischen Sprache positiv gegenüber und erkennen ihre wachsende Bedeutung für die internationale Kommunikation. Diese Situation erleichterte wahrscheinlich den Kindern in dieser Gruppe den Einstieg beim Erlernen der Minoritätssprache.

Sollte Ihre Sprache nicht zu denen gehören, die von vielen Menschen auf der Welt gesprochen wird, mag dies jetzt eher entmutigend klingen – aber bitte legen Sie das Buch jetzt noch nicht weg! Obwohl es wahrscheinlich schwierig werden dürfte, Kindervideos auf Suaheli zu finden oder Kinderreime und -geschichten aus Ländern wie Afghanistan, denke ich, dass viele der folgenden Ratschläge für alle Minoritätssprachen gültig sind.

Die Interviews wurden mit einem sehr kleinen Taschenrekorder aufgezeichnet, der möglichst unauffällig sein sollte. Die Befragten sollten sich wohl und entspannt fühlen, um möglichst spontan zu antworten. Dies erwies sich als eine effektive Methode, um eine beachtliche Menge an Informationen zu erhalten. Die Abschriften der Befragungen waren viel umfangreicher als die per Post gesandten Antworten. Und Bemerkungen wie „Pass auf, was Du sagst! Das Band läuft vielleicht noch mit." oder „Ist das Ding denn überhaupt noch an?" zeigten mir, dass die meisten entweder vergaßen, dass die Gespräche mitgeschnitten wurden oder dass sie dies nicht sonderlich störte. Diese Methode erlaubte es mir auch, flexibler zu sein. Ich konnte, wenn nötig, Fragen auslassen, hinzufügen oder variieren.

Alle Fragen waren in Englisch abgefasst. Ich war aber darauf vorbereitet, sie auf Deutsch zu stellen, falls die Teilnehmer sich dabei wohler fühlten. Dies war aber nur in einem Fall nötig. Den Eltern war es freigestellt, ob sie auf Englisch oder Deutsch antworten wollten. Die meisten antworteten auf Englisch. Einige wechselten im Laufe des Interviews zwischen den Sprachen hin und her.

Zunächst hatte ich gehofft, dass beide Eltern bei der Befragung anwesend sein und aktiv an der Beantwortung teilnehmen würden. Im Normalfall funktionierte das auch gut, obwohl bei einigen Familien auf Grund von einer Scheidung oder einer aktuellen Ehekrise nur ein Elternteil befragt werden konnte. Eine Mutter lehnte das Interview ab, weil sie in keiner Weise an der zweisprachigen Erziehung ihrer Kinder beteiligt war.

Ich erwartete nicht, dass die Kinder bei den Interviews anwesend sein würden, denn mein Hauptziel war es, die Probleme der Zweisprachigkeit aus Sicht der Eltern zu betrachten. Aber es kam häufig vor, dass die Kinder erschienen. Einige waren während des gesamten Interviews anwesend und zeigten großes Interesse an den Fragen. Ich ermutigte die älteren unter ihnen, ihre Meinung zu äußern, ganz besonders dann, wenn sie in irgendeiner Form von derjenigen ihrer Eltern abwich. Bei der Auswertung der Ergebnisse wurde ihre Sicht der Dinge ebenfalls berücksichtigt.

Wahrscheinlich war es von großem Vorteil, dass ich über die Hälfte der befragten Familien persönlich kannte - einige nur flüchtig, andere schon seit vielen Jahren. Sicherlich fiel es ihnen leichter, jemanden zu Hause zu empfangen, der nicht vollkommen fremd war. Es war ihnen auch bekannt, dass ich ebenfalls nicht allzu erfolgreiche Versuche hinter mir hatte, meine Kinder zweisprachig zu erziehen und dass ich über die auftretenden Probleme genau Bescheid wusste. Dies erleichterte es ihnen möglicherweise, ihre Reaktionen, Meinungen und allgemeinen Erfahrungen freimütig zu erörtern. Tatsächlich schienen sich die meisten bei den Interviews wohl zu fühlen und waren durch die Situation nicht gehemmt. Manchmal sprachen wir über Ereignisse, die schon 30 Jahre zurücklagen und trotzdem gab es nur selten Differenzen zwischen den Eltern, wenn es darum ging, sich wesentliche Dinge ins Gedächtnis zurückzurufen. Manchmal aber mussten sie zugeben, sich an bestimmte Situationen nicht mehr zu erinnern. Sie hatten sie schlichtweg vergessen. Ein Kind aus einer der befragten Familien wurde in eine englischsprachige Spielgruppe geschickt, die von einer schottischen Mutter organisiert wurde, die ebenfalls an meiner Befragung teilnahm. Sie unterstützte mich sehr aktiv in dieser Studie und lieferte mir Unmengen an Informationen, aber sie erwähnte niemals ihre Spielgruppe. Offensichtlich war ihr dies einfach entfallen. Es ist wie in allen Berichten über die Vergangenheit möglich, dass Ereignisse unbewusst etwas verfälscht oder so erzählt wurden, wie die Eltern sie gerne gehabt hätten und nicht so, wie sie tatsächlich stattgefunden hatten. Dennoch hatte ich nicht oft den Eindruck, dass Eltern, bewusst oder unbewusst, Geschichten übertrieben darstellten oder erfanden. Diesbezüglich sagte eine Mutter, dass die einzelnen Familienmitglieder untereinander den Wahrheitsgehalt ihrer Aussagen gewissermaßen „prüfen" würden. Die Interviews dauerten zwischen einer halben Stunde und zweieinhalb Stunden und ergaben insgesamt 320 Stunden aufgezeichnetes Material. Nach der Aufnahme fertigte ich von den Antworten Abschriften an. Die Länge der Abschriften variierte dementsprechend zwischen 5 und 27 DIN-A4 Seiten.

Die Abschriften von diesen Interviews bilden die Grundlage des Buches, in dem ich zunächst relativ kurz auf die Vorurteile eingehen werde, die das Thema Zweisprachigkeit nach Meinung vieler der befragten Eltern immer noch umgeben. Anschließend werden dann die Erfahrungen beschrieben, die Eltern während der Erziehung ihrer Kinder in zwei Sprachen gemacht haben, mit all ihren Höhen und Tiefen.

Vorurteile und Mythen

Unter dem Begriff „Vorurteile und Mythen" habe ich die falschen Vorstellungen und irrigen Annahmen zusammengefasst, die im Zusammenhang mit dem Thema Zweisprachigkeit existieren. Es schien mir sehr wichtig, diesen Komplex in die Studie einzubeziehen. Wenn gemischtsprachige Familien in irgendeiner Weise durch Vorurteile beeinflusst werden, wird die ohnehin nicht leichte Aufgabe einer zweisprachigen Erziehung noch beschwerlicher. Vorurteile existieren auch heute noch, sogar in akademischen Kreisen, wie ein Blick auf die Literatur zur Zweisprachigkeit offenbart. Ich war also bestrebt herauszufinden, welchen negativen Vorurteilen meine Teilnehmer begegnet waren und wie sie darauf reagiert hatten. Gab es innerhalb der Familien selbst Vorurteile oder sogar die konkrete Ansicht, dass Zweisprachigkeit für ein Kind schädlich sein könnte? Und falls dies zutraf: woher kamen diese Vorurteile und ablehnenden Haltungen? Selbstverständlich hat es schon immer viele Menschen gegeben, Experten wie Laien, die die Vorteile der Zweisprachigkeit sowohl für den Einzelnen als auch für die Gemeinschaft zu schätzen wussten. Und man muss bedenken, dass viele zweisprachige Menschen auf dieser Welt nicht wählen können, ob sie zweisprachig werden wollen oder nicht. Sie haben gar keine Alternative. Denken wir an die Bevölkerung von Katalonien oder von Wales. Kinder in gemischtsprachige Ehen sind ebenfalls gezwungen zwei Sprachen zu lernen, nämlich dann, wenn einer der Ehepartner die Majoritätssprache gar nicht beherrscht. Trotz alledem scheint sich in der Vergangenheit, vor allem in der westlichen Welt, die Überzeugung gebildet zu haben, dass es für ein Kind besser sei, nur mit einer Sprache aufzuwachsen und dass Zweisprachigkeit negative Auswirkungen auf das Kind haben könne. Glücklicherweise werden heutzutage Eltern eher unterstützt und darin bestärkt, ihre Kinder zweisprachig zu erziehen. Doch immer noch glauben viele, dass die Nachteile die Vorteile bei weitem überwögen und dass vor den Gefahren gewarnt werden müsse.

Vor allem zu Beginn des 20. Jahrhunderts war unter Sprachwissenschaftlern und anderen Sprachexperten die Überzeugung weit verbreitet, dass Kenntnisse einer Fremdsprache zwar nützlich seien, Zweisprachigkeit aber dazu führe, dass Kinder weder die eine noch die andere Sprache richtig lernen. Außerdem sei die geistige Anstrengung derart groß, dass die Fähigkeit der Kinder zum Erlernen anderer Dinge darunter leide. Es gab sogar die Ansicht, dass Bilingualismus die Intelligenz einer Person beeinträchtige und zu geistiger Rückständigkeit führe. Es wurden viele Versuche unternommen, diese Behauptungen zu beweisen. Unter den Einwanderergemeinschaften in den USA wurden groß angelegte Intelligenztests durchgeführt – nebenbei bemerkt Tests in englischer Sprache an Menschen, von denen einige kaum Englisch sprachen! Dies entsprang der damals in den USA vorherrschenden Absicht, Einwanderer dazu zu ermuntern, auch zu Hause nur Englisch zu sprechen, damit sie in sprachlicher Hinsicht vollständig in die Mehrheitsgesellschaft integriert würde. Zweisprachigkeit wurde in den USA als notwendiges Übel angesehen, und bis heute ist die Einstellung hierzu nicht immer positiv.

Die Situation verbessert sich zwar allmählich, dennoch gibt es nach wie vor Intoleranz gegenüber Zweisprachigkeit, sogar unter Akademikern. Diejenigen, die Probleme mit der Beherrschung ihrer beiden Sprachen haben, werden oft als „semilingual" oder „double semilingual" , etwa „halbsprachig" oder „doppel-halbsprachig", bezeichnet. Bei diesen Begriffen kommt die weit verbreitete Meinung zum Ausdruck, dass „semilinguals" auch beim Erlernen anderer Dinge Schwierigkeiten haben werden. Manchmal frage ich mich, ob dann all diejenigen, die eine einzige Sprache schon nicht perfekt schreiben und sprechen (nach Meinung einer deutschen Mutter, die ich interviewt habe, die meisten unter uns), ebenfalls als „halbsprachig" oder gar als „nichtsprachig" bezeichnet werden müssten.

Es gibt Leute, die glauben, dass Menschen nur über eine begrenzte Kapazität für Sprachbeherrschung verfügen und dass eine zweite Sprache automatisch einen Verlust an Kompetenz in der ersten Sprache bedeutet. Es existieren aber keine Studien, die dies belegen. Ebenso wenig konnte bewiesen werden, dass es einen Zusammenhang zwischen schlechten Schulleistungen und Zweisprachigkeit gibt. Zumindest in Deutschland kommt es häufig vor, dass Kinder mit Migrationshintergrund, die in keiner Sprache richtig gut sind, einfach in Regelklassen gesteckt werden. Doch sie erhalten weder beim Erlernen der Majoritätssprache noch beim sicheren Erwerb der Sprache, die zu Hause gesprochen wird, die richtige Form der Unterstützung. Ein Begriff wie „semilingual" fördert die Verbreitung eines negativen Meinungsklimas, welches sich auf alle Formen der Zweisprachigkeit erstreckt. Tatsächlich hat die bisherige Forschung weder positive noch negative Auswirkungen von Zweisprachigkeit auf die Entwicklung eines Kindes ans Licht gebracht. Sogar Leute, die im Gesundheitswesen arbeiten, stehen der zweisprachigen Erziehung skeptisch gegenüber und bringen diese mit verspäteter Sprachentwicklung, Stottern oder anderen Sprachstörungen in Verbindung. Lehrer haben manchmal ähnliche Vorurteile und sind der Meinung, dass das gleichzeitige Erlernen zweier Sprachen das Lernen der Majoritätssprache beeinträchtige und damit die gesamte Schulleistung. Sie berücksichtigen oft nicht die Tatsache, dass die zu Hause gesprochene Sprache anfänglich oft die einzige ist, in der ein Kind sich wirklich heimisch fühlt und dass diese oft auch das einzige Kommunikationsmittel innerhalb der Familie ist. Sie wird selten direkt verboten, aber von ihrem Gebrauch wird oft abgeraten. Auch Lehrer mit grundsätzlich positiverer Einstellung sind schnell mit dem Argument der Zweisprachigkeit zur Hand, wenn es um Gründe für schlechte Schulleistungen geht.

Diese Ansichten von Möchtegern-Experten sind zweifellos mit dafür verantwortlich, dass viele Nichtexperten ebenfalls die Meinung übernommen haben, dass Bilingualismus Kinder verwirre oder sogar zu irreparablen psychologischen Schäden führen kann. So hat zum Beispiel ein Journalist in einer führenden britischen Tageszeitung einmal von „the special problems of disorientated bilingual teenagers" geschrieben. Natürlich sind die Menschen oft etwas schockiert - fälschlicherweise, meiner Meinung nach - angesichts des Hin- und Herwechselns zwischen beiden Sprachen, das bei einer Unterhaltung zwischen zwei Zweisprachigen häufig vorkommt.

Es wird kaum überraschen, dass diese Meinungen ihrerseits auch Auswirkungen auf die Selbsteinschätzung von zweisprachigen Menschen haben. Einige unter ihnen teilen sogar diese Ansichten. Die herrschende soziale Gruppe setzt Minderheiten oft unter Assimilierungsdruck und stigmatisiert dabei auch deren Sprache. Als Folge bestehen Eltern dieser Minderheiten oft darauf, dass ihre Kinder die Majoritätssprache korrekt und so oft wie möglich sprechen. Dies führt dazu, dass die Kinder wiederum ihre eigene Muttersprache nur ungern in der Öffentlichkeit sprechen, sie ablehnen und sie manchmal als unerwünscht oder minderwertig betrachten. Besonders bei Leuten mit Migrationshintergrund trifft dies zu, doch auch bei anderen Zweisprachigen kann diese Einstellung eine negative Wirkung haben. Der Druck, sich der herrschenden Sprachnorm anzupassen, kann enorm sein, auch wenn die Minoritätssprache über ein hohes Prestige verfügt.

Schließlich gibt es noch viele Menschen mit sehr festen Vorstellungen über die Art und Weise, wie ein Kind zweisprachig aufzuziehen sei. Diese glauben, dass nur dann ein Erfolg erzielt werden kann, wenn eine bestimmte Strategie oder Taktik angewandt wird. Die beliebteste Strategie, und nach Meinung vieler die einzig wirksame, ist das Prinzip „eine Person-eine Sprache". Ein bedeutender Linguist des beginnenden 19. Jahrhunderts vertrat die Meinung, es sei wichtig, dass jede Sprache von einer bestimmten Person repräsentiert werde. Wenn beide Eltern durchgehend ihre jeweilige Muttersprache benutzten, würde das Kind automatisch beide Sprachen lernen. Die meisten Linguisten pflichteten dieser Strategie bei, die sich als erfolgreich erwies. Doch in den letzten etwa 20 Jahren wurde im Zusammenhang mit Zweisprachigkeit in gemischtsprachigen Familien zunehmend auch ein Verfahren erforscht, bei dem die ganze Familie zu Hause die Minoritätssprache und außerhalb die Majoritätssprache benutzte. Ein Sprachwissenschaftler empfahl diesen Ansatz, weil er glaubte, dass der Zwang der Methode „eine Person-eine Sprache" Kinder verwirre und überfordere und somit das Familienleben gefährde. So sehr glaubte er an die einigende Kraft einer einzigen Sprache in der Familie! Andere Anhänger dieser zweiten Methode wählten sie, wie wir später noch sehen werden, damit ihre Kinder die Minoritätssprache so oft wie möglich zu hören bekamen. Doch unabhängig von diesem oder anderen alternativen Ansätzen, wie zum Beispiel „sukzessiver Zweisprachigkeit" (dabei wird das Kind zuerst in einer Sprache erzogen, die andere dann später eingeführt), ist das Verfahren „eine Person-eine Sprache" immer noch die beliebteste und am weitesten verbreitete Methode innerhalb dieser Form von Zweisprachigkeit und gilt als den anderen überlegen. Viele glauben, dass es den Kindern dann leichter fällt, die Lautstrukturen der jeweiligen Sprache zu lernen und beide akzentfrei zu sprechen. Die Richtigkeit dieser Behauptung ist allerdings nicht bewiesen.

Die Interviews zeigten, dass Vorurteile immer noch existieren, sogar unter zweisprachigen Menschen selbst. Und sie zeigten auch, dass die Methode „eine Person-eine Sprache" nicht die einzige Möglichkeit ist, um ein hohes Maß an Zweisprachigkeit zu erreichen, obwohl viele Menschen fest davon überzeugt sind, dass sie die einzig wirksame ist.

Vorurteile, denen die Familien begegneten

Ich bin Vorurteilen im Hinblick auf zweisprachige Erziehung im Laufe meiner Befragungen des Öfteren begegnet. Es gab zum Beispiel Eltern, die in dem gleichzeitigen Erlernen von zwei Sprachen eine Gefahr sahen. Die Einschätzung, ob jemand Vorurteile hat oder nicht, ist natürlich immer subjektiv, und wenn es um Einstellungen gegenüber Zweisprachigkeit geht, sind Fakten und Fiktionen manchmal kaum zu unterscheiden. Dennoch möchte ich in diesem Kapitel Reaktionen auf zweisprachige Erziehung beschreiben, bei denen meiner Meinung nach Vorurteile eine Rolle spielen: Reaktionen von Außenstehenden, wie sie erlebt und mir berichtet wurden, ebenso wie von den Befragten selbst geäußerte Ansichten.

Obwohl die meisten meiner Interviewpartner der Meinung waren, dass die allgemeine Haltung zur Zweisprachigkeit in den letzten Jahren toleranter geworden ist, war die große Mehrheit unter ihnen in irgendeiner Form mit Vorurteilen konfrontiert worden, entweder im unmittelbaren familiären Umfeld, unter Freunden und Nachbarn oder in der Gesellschaft allgemein. Die am häufigsten geäußerten kritischen Ansichten waren: Zweisprachigkeit verwirre die Kinder und deshalb lernten sie keine Sprache richtig. Die Folge sei, dass Kinder stotterten, dass sie nicht fähig seien, ihre Gedanken vernünftig auszudrücken, dass sie sich in manchen Situationen zwischen den Sprachen nicht entscheiden und sie auch nicht voneinander unterscheiden könnten. Ein Vater sprach abschätzig von „cross-talk", etwa: „kreuz-und-quer-sprechen", womit er wohl eine Art Vermischung der Sprachen meinte.

Vier Familien wurde von so genannten Experten die Methode der „sukzessiven Zweisprachigkeit" als einzig akzeptable Strategie empfohlen, bei der zu Beginn nur eine Sprache gebraucht wird und die zweite erst zu einem späteren Zeitpunkt eingeführt wird. (Tatsächlich hatten alle diesen Rat befolgt und Erfolg damit gehabt. Es muss aber für die Familien, die mit der Minoritätssprache angefangen haben, sehr schwierig sein, die Sprache des Landes, in dem sie leben, völlig auszuschalten, selbst wenn sie kein Zugang zu den Medien haben. Im Kapitel 6 über den Gebrauch von Strategien werden wir sehen, wie es den Familien in dieser Gruppe erging.) Eine der Mütter, die zu Hause nur Englisch sprechen wollte, wurde damals mit der Meinung konfrontiert, die Methode „eine Person-eine Sprache" führe leicht dazu, dass jede Sprache mit der sie sprechenden Person in Verbindung gebracht würde, somit auch mit deren Geschlecht und deren besonderer Rolle, z.B. im Haushalt oder bei der Erziehung. Dadurch würde jede Sprache mit bestimmten Sachen oder Vorstellungen verbunden, die nicht immer positiv seien. Dies ist ein interessanter Einwand. Obwohl es streng genommen kein Beispiel für ein Vorurteil ist, lohnt es sich zu untersuchen, ob das Verfahren „eine Person-eine Sprache", welches im Allgemeinen als sehr effektiv gilt, aus diesem Grund negative Wirkungen hat. Zwei der Familien wurden bezüglich der zu verfolgenden Strategien von Kinderärzten beraten. Eine andere war von der Lehre Rudolf Steiners beeinflusst, eine weitere Mutter hatte eine Vorlesung eines Mannes besucht, der offensichtlich eine Autorität auf dem Gebiet der Zweisprachigkeit war. Sie hatte dessen Ideen übernommen. Ein anderer interessanter Fall der Beratung durch „Experten" soll an dieser Stelle erwähnt werden. Es handelt sich auch hier nicht direkt um ein Vorurteil. Ein Psychologe gab einem Ehepaar, die ihre Kinder zweisprachig erziehen wollten, einen Ratschlag, der jedoch eine seltsame und eher unbegreifliche Ansicht verriet. Dies wurde mir von einem kanadischen Vater berichtet, der in seiner Heimat schon reichlich Erfahrung mit Zweisprachigkeit gemacht hatte, bevor er nach Berlin zog. Der Psychologe hatte empfohlen, dass unabhängig von ihrer gewählten Strategie beide Eltern ihre Kinder in emotional negativen Situationen immer in derselben Sprache ansprechen sollten. Es wurde ihnen ohne weitere Erklärung empfohlen. Die Familie hatte ohnehin beschlossen, beide Sprachen anzuwenden, so wie es sich ergab, und keine bestimmte Politik festgelegt. Doch für den oben genannten Zweck wählten sie Deutsch. Die Folge war, dass die deutsche Sprache für ihr erstes Kind unter anderem eine „Schimpfsprache" war, die benutzt wird, wenn man verärgert ist. Ich merkte an, dass das Deutsche auf diese Weise negative Assoziationen erhalten hatte. Das Paar stimmte mir in diesem Punkt zu. Dennoch waren sie nicht der Meinung, dass es an dieser Verwendung des Deutschen lag, dass ihre beiden Kinder die englische Sprache besser beherrschten.

Unter den zahlreichen Experten für kindliche Entwicklung sind es gerade Lehrer, die oft, manchmal indirekt, Zweifel anmelden oder die Tatsache bemängeln, dass Kinder zweisprachig erzogen werden. Eine englische Mutter erzählte mir von ihrem ältesten Sohn, dessen Deutsch sehr eingeschränkt und fast nur passiv war, als er im Alter von drei oder vier Jahren in den Kindergarten kam. Niemand schien dies zu bemerken und der Junge verbesserte ziemlich schnell seine

Deutschkenntnisse.. Erst als der Lehrer davon erfuhr, dass der Junge zu Hause zweisprachig erzogen wurde, begannen die Schwierigkeiten. Die Mutter, die ihrerseits ebenfalls Grundschullehrerin war, hatte von jenem Moment an das Gefühl, dass der Erzieher förmlich „nach Problemen suchte". Dieselbe Mutter erlebte auch andere Lehrer, die anscheinend die Gründe für Probleme, die zweisprachige Kinder hatten, in erster Linie in ihrer Zweisprachigkeit suchten. Auch andere Eltern in meiner Gruppe berichteten von Lehrern, die zweisprachige Erziehung für Stottern und für Schreib- und Leseprobleme verantwortlich machten. Eine deutsche Mutter war der Meinung, dass Lehrer, die der Zweisprachigkeit generell kritisch gegenüber standen, oft bei zweisprachigen Kindern andere Maßstäbe anlegten. Sie behandelten diese Kinder manchmal anders, sagte sie, und waren ihren Fehlern gegenüber weniger tolerant. Aus ihrer Sicht als Deutsch-Muttersprachlerin gäbe es ohnehin nur wenige Deutsche, die ihre Sprache jemals fehlerfrei schreiben könnten, meinte sie. Folglich seien für Menschen mit Lese- und Schreibschwächen, die zwei Sprachen bewältigen müssen, die Schwierigkeiten unvermeidbar.

Entmutigende Kommentare kamen gelegentlich sogar von Lehrern, die eigentlich über beachtliches Wissen zu Zweisprachigkeit verfügten oder auf diesem Gebiet große Erfahrung hatten, So teilte ein Universitätsdozenten der Sprachwissenschaft einem seiner Studenten mit, dass er ein „Sprach-Monster" werden würde, wenn er weiterhin Sprachen so durcheinander mischen würde. Dies erzählte mir der Vater des Studenten. Eine Mutter berichtete mir von einem ähnlichen Kommentar, der aber weit unerwarteter und alarmierender war, denn er stammte von einer Lehrerin an einer zweisprachigen Schule. Besagte Lehrerin teilte dem Sohn meiner Interviewpartnerin im ersten Schuljahr mit, dass er keine der beiden Sprachen jemals richtig beherrschen und daher immer Schulprobleme haben würde. Für den Jungen war das ein richtiger Schock. Diesen Moment vergaß er niemals. Als seine jüngere Schwester einige Jahre später dieselbe Lehrerin bekommen sollte, drohte er, dass er in das Klassenzimmer stürmen und mit ihr dieses Thema diskutieren würde, wenn sie es wagen sollte, seiner Schwester gegenüber etwas Ähnliches zu äußern. Der Junge ist inzwischen über dreißig, spricht beide Sprachen perfekt und hat sein Universitätsstudium mit großem Erfolg abgeschlossen.

Viele Eltern haben jedoch betont, dass sie nie eine Verbindung zwischen der Zweisprachigkeit ihres Kindes und deren Problemen in der Schule gesehen haben. Ihrer Meinung nach waren es ganz andere

Gründe, die für die Probleme zumindest teilweise verantwortlich waren.

Neben Menschen, die sich beruflich mit der Entwicklung von Kindern beschäftigten, gab es auch Freunde, Nachbarn und Verwandte, die sich einmischten und die zweisprachige Erziehung der Kinder kritisierten. Unter denjenigen Verwandten, die Bedenken hatten oder bilinguale Erziehung völlig ablehnten, waren es vor allem die deutschsprachigen Großeltern, die sich Sorgen machten, ihre Enkel könnten die deutsche Sprache nicht richtig lernen, obwohl sie in Deutschland aufwuchsen!

Mythen, ähnlich wie Vorurteile, entstehen oft aus Unwissenheit und können zu Missverständnissen und Frustration führen, auch wenn sie nicht immer nur negativer Natur sind. Einige Menschen, die nicht viel über dieses Gebiet wissen, sind der Ansicht, dass Zweisprachigkeit eine „Gottesgabe" sei, die keinerlei Anstrengung erfordere. Zwei Mütter, die ich interviewt habe, waren der Meinung, dass es sich hierbei um eine Art Mythos handele. Diese Eltern empfanden sich in ihrer Situation vollkommen unterschätzt, denn für viele hatte die zweisprachige Erziehung viele Jahre harter Arbeit bedeutet.

Einige ungewöhnliche Beispiele für Vorurteile

Gelegentlich berichteten mir Eltern von Vorurteilen, die ich besonders erzählenswert finde, da sie entweder sehr ungewöhnlich oder besonders interessant waren.

Ich führte ein Interview mit einem Paar, beide an einer Waldorf-Schule in Berlin beschäftigt, welches darüber klagte, dass es von anderen Lehrern dieser Schule sehr stark kritisiert und schikaniert wurde, als diese davon erfuhren, dass es seine Kinder zweisprachig erzog. Einer der Kollegen ging diesen Eheleuten besonders auf die Nerven und hielt ihnen wiederholt vor, dass sie einen Fehler begingen und erinnerte sie daran, was Rudolf Steiner, Begründer der Schule und - noch wichtiger - ihrer Ideologie, zu diesem Thema geschrieben habe. Steiners Lehren waren mir vollkommen fremd und so erklärten sie mir, dass ein Kind nach Steiners Auffassung „eine Sprache verkörpert". Mir war nicht ganz klar, wie das gemeint sein könnte. Sie aber verstanden es so, dass es einem Kind bei seiner Geburt genetisch vorbestimmt sei, nur eine einzige bestimmte Sprache zu lernen. Da sie versuchten, ihr Leben so weit wie möglich gemäß der Philosophie Steiners zu gestalten, entschieden sie, ihre Tochter zunächst nur auf Englisch zu erziehen und Deutsch später einzuführen. Ihrer Meinung nach lehnte Steiner Zweisprachigkeit nur dann ab, wenn das Kind in einer Sprache erzogen wurde, die nicht Muttersprache von einem der beiden Eltern war.

Diese Geschichte faszinierte mich, und ich war neugierig herauszufinden, was Steiner wirklich dazu gesagt hatte. Ich verbrachte also anschließend lange Zeit damit, in seinen Schriften etwas zu diesem Thema zu entdecken. Ich durchsuchte erfolglos alle Kapitel über Sprache und Spracherwerb in seinen Büchern und fragte dann mehrere Lehrer an Steiner-Schulen und einen weiteren Experten, ob sie mir entsprechende Passagen nennen könnten. Sie gaben mir Bücher, die von seinen Anhängern verfasst waren und dadurch von seinen Schriften beeinflusst worden waren. Dort fand ich schließlich Ansichten vertreten, die den von den Eltern erwähnten ähnelten. Doch nichts davon hatte Steiner selbst geschrieben und sogar unter seinen Anhängern war nie davon die Rede, dass Zweisprachigkeit in jedem Falle etwas Schlechtes sei. Tatsächlich sind Fremdsprachen ein wichtiger Bestandteil des Lehrplans an Waldorf-Schulen. Kinder sollen während einer bestimmten Zeitdauer vollständig in eine Sprache eintauchen und werden auch in der Sprache, die sie lernen, unterrichtet. Wahrscheinlich war es nicht Steiner gewesen, der so viel gegen die Zweisprachigkeit einzuwenden hatte, sondern einige seiner Anhänger, die anscheinend seine Schriften falsch verstanden oder interpretiert hatten.

Ein anderer interessanter Fall war der einer Familie, deren deutsche Verwandte Mitglieder einer kleinen, abgeschotteten christlichen Gemeinde waren, die Zweisprachigkeit offen ablehnte. Sie waren nicht nur gegen jede Art von Zweisprachigkeit, sondern auch gegen gemischtsprachige Ehen. Die Schwägerin des deutschen Vaters in dieser Familie glaubte, dass man als Deutscher einen deutschen Partner heiraten müsse, um ein guter Christ zu sein. Um diese Behauptung zu stützen, berief sie sich auf die Bibel. Ich fand diese Ansicht sehr beunruhigend und auch nur schwer mit der christlichen Lehre in Einklang zu bringen. Ich äußerte diese Meinung, als mir die Geschichte erzählt wurde. Die befragte Familie teilte meine Bedenken. Sie war ihrerseits ebenfalls Mitglied einer relativ kleinen christlichen Kirche. Und sie wussten aus eigener Erfahrung, wie leicht es ist, Bibelstellen zu finden, die aus dem Kontext gerissen alles Mögliche bedeuten können. Sie fügten hinzu, dass ihre Verwandte schnell aus der Fassung gebracht wurde, nicht nur durch Fremdsprachen, sondern durch alles, was fremd und neu für sie war. Dies ist ein Beispiel dafür, wie der Charakter eines Menschen sich auf seine Haltung zur Zweisprachigkeit auswirken kann und wie dann derartige Haltungen ihrerseits das Meinungsklima beeinflussen können.

Obwohl die befragten Familien insgesamt auf die Feststellung Wert legten, dass sich die allgemeine Einstellung zu Zweisprachigkeit verbessert habe, gibt es immer noch Menschen die strikt dagegen sind und zu dem Thema sehr festgefahrene Ansichten haben, wie das folgende Beispiel zeigt. Ein Vater erzählte mir, wie er eines Tages mit seinem Sohn in der Warteschlange eines Postamtes stand und sich mit ihm auf Englisch unterhielt. Eine ältere Dame unterbrach ihn und riet ihm damit aufzuhören, denn Bilingualismus sei etwas „Schreckliches" und würde „das Kind ruinieren". Sie fuhr fort und erzählte von einem Jungen, den sie gekannt habe, dessen zweisprachige Erziehung in einem Nervenzusammenbruch endete, als er zehn Jahre alt war.

Zum Glück ließen sich die meisten der von mir befragten Familien nicht durch solche extremen Vorurteile beeinflussen. Viele sagten sogar, dass sie demotivierende Kommentare generell nicht zur Kenntnis nahmen. Sie ignorierten sie einfach. Und sie glaubten auch nicht, dass diese letztlich ihre eigene Strategie und Praxis beeinflusst hätten.

Die Vorurteile bei verzögerter Sprachentwicklung

Zweisprachigkeit wird oft für verspätete Sprachentwicklung verantwortlich gemacht. Natürlich ist es recht schwierig, die Ursachen davon herauszufinden. Vor allem ist es nahezu unmöglich, die passive Kenntnis einer Sprache bei einem Kind festzustellen. Wie definiert man verspätete Sprachentwicklung? Es ist schwierig, dennoch haben Eltern normalerweise eine allgemeine Vorstellung davon, ob die Sprachentwicklung ihres Kindes normal verläuft oder nicht. Auch hier berichteten die befragten Familien, dass ihre Verwandten oft sehr schnell den Schluss zogen, dass ein Kind, das in den ersten zwei, drei Jahren nicht viel sprach, durch die zweisprachige Erziehung verwirrt worden war. Zwei der Familien, die die zweisprachige

Erziehung sehr früh abgebrochen hatten, nannten als Grund, dass ihre Kinder sehr spät angefangen hätten zu sprechen. Sogar Sprachtherapeuten sehen in der Zweisprachigkeit die Schuld für Sprachdefekte wie Stottern oder Lispeln, die man als Formen verspäteter Sprachentwicklung betrachten kann. Doch die Eltern der betroffenen Kinder in dieser Gruppe vermuteten, dass auch andere Gründe eine Rolle gespielt haben könnten, zum Beispiel der schlechte Gesundheitszustand eines Kindes, allgemeine Verhaltens- oder Persönlichkeitsprobleme oder ihre eigenen Ehekrisen.

Die meisten Interviewpartner teilten die Ansicht, dass es sehr schwer festzustellen und auch nicht beweisbar sei, ob und inwieweit Bilingualismus den Spracherwerb beeinträchtige. Viele der Eltern, deren Kinder spät mit dem Sprechen begonnen hatten, erzählten mir, dass diese generell Spätentwickler gewesen seien. Einige berichteten, dass ihre Söhne später zu sprechen begonnen hätten als ihre Töchter. Sie bestätigten damit eine weit verbreitete Annahme, wonach Jungen sich langsamer entwickeln als Mädchen. Dies war ein häufig auftretendes Phänomen. Ziemlich viele Paare mit zwei Kindern erzählten, dass eines ihrer Kinder sehr gesprächig gewesen sei und früh zu sprechen begonnen habe, während das andere das genaue Gegenteil gewesen war. Einer der Väter berichtete von seinem Sohn aus einer früheren Ehe, der ebenfalls spät zu sprechen begonnen hatte, obwohl er als kleiner Junge ausschließlich Deutsch gehört und gesprochen hatte. Dies war für ihn der Beweis, dass auch einsprachig aufwachsende Kinder eine verspätete Sprachentwicklung haben können. Eigentlich ist es allgemein bekannt, dass verspätete Sprachentwicklung nicht auf zweisprachige Kinder beschränkt ist. Dennoch gibt es viele Menschen, die die Eltern dazu drängen, die Minoritätssprache aufzugeben, wenn ihre Kinder nicht schon in einem frühen Alter unbekümmert in beiden Sprachen plappern.

An diesem Punkt möchte ich einige Fällen erwähnen, die ich deshalb interessant finde, weil sie zeigen, wie manche Kinder vermutlich Sprachen lernen. Zwei der befragten Familien erzählten mir von ihren jeweiligen Töchtern. Beide waren Beispiele dafür, wie schwierig die Bewertung der allgemeinen Sprachkompetenz von Kindern ist. Die erste Mutter berichtete, dass ihr älteres Mädchen bis zum Alter von etwa zweieinhalb Jahren sehr wenig Englisch gesprochen habe, sogar wenn die Familie in England war. Allerdings habe sie aber auch relativ wenig Deutsch gesprochen. Doch dann, während eines Urlaubs mit ihren Großeltern in Yorkshire, habe sie plötzlich begonnen, Englisch zu sprechen und ganze, ziemlich lange Sätze mit recht schwierigem Vokabular zu formulieren.

Ähnlich war der Fall des anderen Mädchens, ebenfalls das ältere von zwei Geschwistern, die aber für ihr Alter damals schon gut Deutsch sprach. Urplötzlich fing sie an, Englisch zu sprechen, ebenfalls während eines Urlaubs in Großbritannien und etwa in demselben Alter wie das andere Kind. Sie unterschied sich jedoch von dem Kind des ersten Beispiels dadurch, dass sie zwar englische Wörter benutzte, die Wortstellung ihrer Sätze aber deutsch war. Sie gebrauchte auch manchmal wörtliche Übersetzungen aus dem Deutschen, die sie bei niemandem sonst jemals gehört haben konnte. So begann sie zum Beispiel ihre Sätze mit „Yesterday went I..." anstatt mit „Yesterday I went...". Bis zu diesem Zeitpunkt hatten beide Mädchen zwar alles verstanden, wenn sie auf Englisch angesprochen wurden, aber nie geantwortet. Dass sie verstanden hatten, ging aus ihren Reaktionen hervor. Die Eltern des zweiten Mädchens sagten, dass ihre Tochter bis zu jenem entscheidenden Urlaub alles, was sie wollte, erreicht habe, ohne Englisch sprechen zu müssen. Da ihre Großeltern außerdem ein wenig Deutsch sprachen und verstanden, war es für sie niemals wirklich notwendig gewesen, Englisch zu sprechen. Doch im Alter von etwa drei Jahren änderte sich die Situation. Vermutlich wollte sie den Großeltern Dinge erzählen, die für deren eingeschränktes Deutschverständnis zu kompliziert gewesen wären. Folglich fing sie plötzlich an, Englisch zu sprechen. Ihr Englisch war auf demselben Niveau wie ihr Deutsch, in dem sie bereits ganze Sätze formulierte. Sie übersetzte aber wortwörtlich, und dies geschah manchmal auch in der umgekehrten Richtung. Sie kannte das englische Wort „ladybird" für Marienkäfer, und wenn sie auf Deutsch berichten wollte, dass sie einen gesehen hatte, sprach sie von einem „Tantepieper"! Denn Tante war für sie ein Begriff für Frau, also lady, und Pieper ihr Kinderbegriff für Vogel, also bird.

Diese Beispiele zeigen, dass das Gehirn offenbar mehr speichert als man erkennen kann und dass man vorsichtig sein sollte mit vorschnellen pauschalen Äußerungen über den Spracherwerb von Kindern.

Als Fazit kann man sagen, dass viele Eltern aus dieser Gruppe der Meinung waren, dass einige zweisprachige Kinder etwas später zu sprechen beginnen als ihre einsprachigen Altersgenossen, dies aber bei den meisten nicht der Fall ist. Einige der Befragten, besonders die, die beruflich damit zu tun hatten, sahen bei zweisprachigen Kindern die Tendenz, etwas später mit dem Sprechen zu beginnen. Sie meinten aber, dass dieser Rückstand innerhalb weniger Jahre wieder aufgeholt wird.

Welche Vorurteile Eltern und Kinder selbst hatten

Es gab einige, wenn auch nicht viele, in der Gruppe der Befragten, aus deren Bemerkungen hervorging, dass sie Vorurteile gegenüber Zweisprachigkeit hatten.

Die meisten dieser Eltern neigten dazu, Einzelfälle, die sie erlebt oder von denen sie erfahren hatten, zu verallgemeinern. Sie berichteten zum Beispiel von Kindern, die auf Grund ihrer Zweisprachigkeit verhaltensauffällig wurden; oder unfähig waren, irgendeine Sprache zufriedenstellend zu sprechen, lesen oder schreiben; oder die während ihrer ganzen Schulzeit Schwierigkeiten hatten. Eine Mutter erzählte von einem Kind, das auf eine teuere Privatschule geschickt werden musste, weil es in öffentlichen Schulen nicht zurechtgekommen sei. Derartige Geschichten verängstigten diese Eltern, und sie machten sich darüber Sorgen, dass die Sprachmischung eventuell ein geistiges Durcheinander hervorrufen könne. Der Begriff Vorurteil sollte hier vielleicht mit Vorsicht verwendet werden, denn es gibt keinen Grund zu der Annahme, dass in den berichteten Fällen nicht mindestens ein Körnchen Wahrheit steckt. Das Vorurteil liegt vielleicht eher darin, aus Einzelfällen allgemeine Schlussfolgerungen zu ziehen.

Nur eine der befragten Familien hatte in Hinblick auf Zweisprachigkeit starke Vorurteile. Beide Partner behaupteten „nicht viele positive Beispiele für Zweisprachigkeit" gesehen zu haben. Es sollte hier erwähnt werden, dass für dieses Paar sogar Kinder, die beide Sprachen nur geringfügig vermischten, als schlechte Beispiele galten.

Es gab nur einen Fall innerhalb der Gruppe, bei dem man von totaler Ablehnung sprechen konnte. Einem englischen Vater von drei Kindern, der viele Jahre als Lehrer und Übersetzer in Berlin gearbeitet hatte, war es in seiner ersten Ehe mit einer Deutschen nicht gelungen, seinen Sohn nach der Methode „eine Person-eine Sprache" zweisprachig zu erziehen. Er beschloss, die zwei Töchter, die er mit seiner zweiten, wiederum deutschen Frau hatte, nur mit Deutsch aufwachsen zu lassen, obwohl seine Frau ebenfalls professionelle Übersetzerin und Dolmetscherin für Englisch war und deshalb gutes Englisch gesprochen haben muss. Der Vater war der Meinung, dass es ihm geradezu unmöglich gewesen sei, seinen Sohn zweisprachig zu erziehen. Denn als das Kind klein war, lebten sie in einer komplett deutschsprachigen Umgebung und der Junge bekam daher nur abends und an den Wochenenden Englisch zu hören. Außerdem hatte er das Gefühl, dass sein eigenes Englisch langsam einrostete. Der Junge habe wenig Interesse für Englisch gezeigt und hätte dazu gezwungen werden müssen, sagte der Vater. Er war inzwischen zu der Überzeugung gelangt, dass es „im Grunde genommen egozentrisch" sei zu versuchen, sein Kind in solch ungünstiger Umgebung zweisprachig erziehen zu wollen.

Dieser Vater befand sich tatsächlich in einer sehr schwierigen Situation, jedoch hatte er immerhin versucht, sein erstes Kind zweisprachig zu erziehen. Er hatte ihn eine kurze Zeit lang sogar in einen Kindergarten der britischen Armee gebracht, leider mit desaströsem Ergebnis, worauf ich im Kapitel 8 zurückkommen werde. Trotz dieses Versuches hatte der Sohn relativ selten Englisch gehört und war, nach Einschätzung des Vaters, ohnehin ein Typ mit vergleichsweise geringem Bedürfnis, sich überhaupt verbal zu äußern, ganz gleich in welcher Sprache. In jedem Fall schien der Vater Zweisprachigkeit in gemischtsprachigen Ehen inzwischen abzulehnen. Er nannte noch einige weitere Gründe dafür, dass er seine Töchter nicht zweisprachig erzogen hatte, aus denen man schließen konnte, dass er im Verlauf der Jahre immer mehr Vorurteile aufgebaut hatte. Zum Beispiel hatte er als Lehrer in privaten Sprachenschulen jugendlichen Diplomatentöchtern Englischunterricht gegeben. Er beschrieb diese als „desorientiert" und behauptete, dass sie in den Ländern, in denen sie vorübergehend lebten, nur die Sprachvariante der Gleichaltrigen könnten. Folglich wären sie niemals in der Lage, eine Sprache richtig zu beherrschen. Er sagte, dass sie sich alle in vielen Sprachen „durchschlagen" könnten, aber keine richtig beherrschten und „unglückliche Menschen" seien. Er glaubte, dass seine Töchter zuerst in ihrer Muttersprache vollkommen etabliert sein müssten - und in diesem Zusammenhang betonte er das Wort „Mutter" - bevor sie eine zweite Sprache lernten. Er war außerdem der Meinung, dass der Wortschatz eines Kindes nur sehr langsam wachse. Enthalte er deutsche und englische Wörter, werde der Wortschatz in jeder Sprache nur halb so groß sein wie bei Kindern, die nur mit einer Sprache aufwachsen. Seiner Meinung nach sei die „Gesamtkapazität für Wissen" „irgendwie begrenzt", so dass bei einem zweisprachigem Kind ein eingeschränktes Vokabular unvermeidlich sei. Ein zweisprachiges Kind lerne vermutlich auch weniger Wörter pro Tag als ein einsprachiges, da „ein Teil des Leistungsvermögens in der Verwirrung darüber, was denn was sei, verloren geht". Die Ähnlichkeiten zwischen Deutsch und Englisch hätten seinen Sohn verwirrt. Wörter, die in beiden Sprachen ähnlich waren - etwa „Elefant" und „elephant"– hätten ihm offensichtlich Mühe bereitet und er habe seinen Vater oft gefragt, welches der beiden denn nun korrekt sei. Der Vater zeigte Verständnis dafür und meinte: „Es ist zwangsläufig schwierig, zwei Versionen zu lernen", zum Beispiel zwei Begriffe für denselben Sachverhalt. Dies mag stimmen, aber werden damit nicht die Fähigkeiten der meisten Kinder in grober Weise unterschätzt? Natürlich ist es unvermeidlich, dass viele Erfahrungen, die Kinder machen, sie verwirren. Das gehört zum Aufwachsen. Doch mit zunehmendem Alter regeln sich viele Dinge von ganz allein. Das gilt sicherlich auch für die Sprache. Die zweite Frau des gerade erwähnten Vaters hatte ebenfalls die Sorge gehabt, dass ihre Kinder, wenn sie zweisprachig deutsch und englisch aufgewachsen wären, beim Erreichen des Schulalters nicht gut genug Deutsch gesprochen hätten, um die Grundschule erfolgreich zu bewältigen.

Keine andere der befragten Familien teilte diese Befürchtungen und keine einzige hatte irgendetwas erlebt, das die Aussagen dieses Paares gestützt hätte. Sie standen im krassen Gegensatz zu den Ansicht einer anderen Mutter, die der Meinung war, dass Kinder anscheinend eine weit größere Menge an Sprache „aufnehmen" könnten als allgemein angenommen wird. Sie hielt die Annahme, dass Kinder nur „eine bestimmte Kapazität für Wissen haben, die man nicht überstrapazieren darf", für falsch. Kinder seien vielmehr „wie Schwämme, in der Lage wahnsinnig viel aufzusaugen, zumindest zwei Sprachen".

Die Frage ist eher, was ein Kind, oder in diesem Fall sogar ein Erwachsener, lernen will und nicht, was es lernen kann. Als Englischlehrerin für Leute, die oft ihre besten Jahre schon hinter sich haben, selten ein sehr großes Talent für Fremdsprachen mitbringen und oft nur wenig Zeit zum Lernen haben, habe ich die Erfahrung gemacht, dass diese trotzdem enorme Fortschritte erzielten, wenn sie wirklich motiviert waren.

Diejenigen Eltern aus der Gruppe, die Zweifel geäußert oder Zweisprachigkeit rundweg abgelehnt hatten, waren bis auf zwei Ausnahmen auch diejenigen, die früher oder später den Entschluss fassten, ihre Kinder mehr oder weniger nur noch auf Deutsch zu erziehen.

Die einzige Familie, die eine besondere Voreingenommenheit für eine bestimmte Strategie zeigte, in diesem Fall für „sukzessive Zweisprachigkeit", war die der zwei Lehrer der Waldorfschule. Als begeisterte Anhänger der Lehren Rudolf Steiners glaubten beide, dass das gleichzeitige Erlernen von zwei Sprachen bei einem Kind zu einer, wie die Mutter es bezeichnete, „gespaltenen Persönlichkeit" führen könne!

Die wichtigsten Punkte

1. Vorurteile existieren manchmal sogar bei zweisprachigen Familien, mitunter auch im Hinblick auf die Strategien, die zu wählen sind.

   Man trifft immer noch auf die Annahme, sogar bei Personen, die beruflich mit Kindern zu tun haben, dass zweisprachige Kinder keine der beiden Sprachen richtig beherrschen lernen und dass sie generell größere Schwierigkeiten beim Lernen haben als ihre Altersgenossen.

   Zweisprachige Menschen ihrerseits geben dem äußeren Druck oft nach, um sich der Mehrheit anzupassen, vor allem dann, wenn ihre Minoritätssprache mit einem Makel behaftet ist.

2. Es ist wichtig, zu versuchen, diejenigen Leute so weit wie möglich zu ignorieren, die sich einmischen und einen überzeugen wollen, dass Zweisprachigkeit schlecht sei. Es sollte auch vermieden werden, aus Einzelfällen allgemein gültige Schlüsse zu ziehen.

3. Bis heute hat die Forschung weder positive noch negative Auswirkungen von Zweisprachigkeit auf die Entwicklung eines Kindes nachweisen können. Es gibt keinen Beweis für die Annahme, dass schlechte Schulleistungen oder andere Entwicklungsstörungen in irgendeiner Weise mit zweisprachiger Erziehung zusammenhängen. Auch wenn zweisprachige Kinder gelegentlich später als andere Kinder zu sprechen beginnen und anfangs eventuell durch die zwei Sprachen verwirrt werden, regelt sich dies im Laufe der Zeit normalerweise von selbst, und sie machen diese Verzögerung innerhalb weniger Jahre wieder wett.

Teil II.

Wie Kinder zweisprachig werden

Der sprachliche Hintergrund der Eltern

Ich fragte alle teilnehmenden Eltern, wie gut sie in der Zeit, als sie sich kennenlernten, und, noch wichtiger, ab der Geburt ihres ersten Kindes die jeweils andere Sprache beherrscht und wie häufig sie sie gebraucht hatten. Ich wollte herausfinden, welchen Einfluss dieser Faktor auf den Erfolg ihrer Bemühungen um die zweisprachige Entwicklung ihrer Kinder gehabt hatte, beziehungsweise darauf, wie gut ihre Kinder Englisch gelernt hatten. Dass die Kinder ohne weiteres ausreichend Deutsch gelernt haben würden, da sie alle in einem deutschsprachigen Umfeld aufwuchsen oder aufgewachsen waren, setzte ich voraus. Tatsächlich war dies auch der Fall, auch wenn einige relativ spät Deutsch lernten.

Für die Auswertung der Antworten unterteilte ich die Eltern entsprechend der Kenntnisse der Muttersprache ihres Partner in vier Gruppen: Die englischsprachigen in diejenigen, die zum Zeitpunkt der Geburt des ersten Kindes gar kein oder nur sehr wenig Deutsch und diejenigen, die gut Deutsch konnten und analog die deutschen in diejenigen, die zu diesem Zeitpunkt kein oder nur wenig Englisch konnten und diejenigen, die mindestens ausreichende Englischkenntnisse besaßen.

In Familien, in denen die englischsprachigen Eltern gar keine oder nur geringe Kenntnisse des Deutschen hatten - und dies betraf ein gutes Drittel aller befragten Familien - variierte die Englischkompetenz der Kinder erheblich und reichte von exzellent bis hin zu ziemlich begrenzter Kommunikationsfähigkeit, meistens auf Grund eines mangelhaften Wortschatzes. Diejenigen mit sehr guten Kenntnissen sprachen und schrieben das Englische manchmal fast wie eine Muttersprache. Diese Unterschiede zeigen, dass die Tatsache, dass diese Kinder von einem Elternteil nur Englisch hörten, nicht automatisch zu guten Englischkenntnissen führte. (Hierbei wurde nur das erste Kind berücksichtigt, da die betroffenen Eltern nach der Geburt der nächsten Kinder meist besser und vermutlich auch öfter Deutsch sprachen. Die Frage nach dem Einfluss der Geburtenreihenfolge auf den Grad der Zweisprachigkeit von Kindern wird im Kapitel 7 „Die Reihenfolge der Kinder in der Familie" besprochen.)

In der zweiten Gruppe hatten die englischsprachigen Elternteile sehr gute Deutschkenntnisse, als sie ihre jeweiligen Partner kennenlernten, oder sie machten schnell Fortschritte und sprachen zu Hause deshalb bald fast ausschließlich Deutsch. In dieser Gruppe variierte die Sprachkompetenz der Kinder ebenfalls. Anders ausgedrückt: der Grad der Deutschkenntnisse des englischen Elternteils zu Beginn der Familiengründung scheint auch in dieser Gruppe keinen entscheidenden Einfluss auf den doppelten Spracherwerb des Kindes gehabt zu haben. Auch wenn es in dieser Gruppe Eltern gab, die mit dem Verlauf der Dinge nicht ganz oder nicht immer zufrieden gewesen waren, traf auf andere das genaue Gegenteil zu.

Die meisten deutschsprachigen Elternteile, achtunddreißig an der Zahl, hatten zu Beginn der Partnerschaft ausreichende Englischkenntnisse, um zumindest ein einfaches Gespräch in dieser Sprache führen zu können. Die in dieser Gruppe vorgefundene Sprachkompetenz deckte ein breites Spektrum ab und reichte von so genanntem „üblichen Schulenglisch" bis hin zur völligen Beherrschung der englischen Sprache. Mehrere der deutschen Eltern hatten einen Universitätsabschluss in Englisch und einige von diesen arbeiteten als Englischlehrer an Schulen oder Universitäten. Doch die Kinder dieser Eltern beherrschten die englische Sprache nicht unbedingt besser als andere Kinder in der Gruppe. Es konnte demnach kein Zusammenhang zwischen Sprachkompetenz der Kinder und den Englischkenntnissen der deutschen Eltern festgestellt werden.

Anders war es aber bei der letzten kleinen Gruppe, die aus sieben Paaren bestand. Hier konnten die deutschsprachigen Elternteile zu Beginn entweder nur sehr wenig oder gar kein Englisch sprechen. Auch später haben sie es nur widerwillig oder gar nicht gelernt und gesprochen.

Von diesen sieben Paaren fingen fünf nur halbherzig damit an, ihre Kinder zweisprachig zu erziehen, gaben den Plan entweder sehr früh wieder auf oder meinten, dass sie nicht sehr erfolgreich gewesen waren. Die verbleibenden zwei Familien waren vielleicht nur deshalb erfolgreicher gewesen, weil sie ihre Kinder auf zweisprachige Schulen geschickt hatten. In der anderen, größeren Gruppe der deutschen

Eltern, mit ausreichenden oder guten Englischkenntnissen, hatten nur drei oder vier mit der zweisprachigen Erziehung gar nicht erst begonnen, früh aufgegeben oder geringen Erfolg gehabt. Man kann also mit ziemlicher Sicherheit sagen, dass dieser Mangel an Englischkenntnissen der deutschsprachigen Eltern der kleinen Gruppe und das Versäumnis, die Sprache zu praktizieren, bis zu einem gewissen Grad mit der geringeren Englischkompetenz ihrer Kinder zusammenhängt.

Im Hinblick auf die Sprachkenntnisse der Eltern gab es noch einen Punkt, den ich besonders erwähnenswert finde, und der möglicherweise auch für Zweisprachigkeit allgemein bedeutsam sein könnte. Fünf der Befragten, die Englisch als Muttersprache hatten, berichteten, dass sie für Muttersprachler gehalten wurden, wenn sie Deutsch sprachen. Ihr Deutsch war also mehr oder weniger perfekt, was auch die jeweiligen Partner bestätigten. Bei zwei von ihnen war dies vielleicht dadurch zu erklären, dass sie sowohl in Deutschland als auch an amerikanischen Universitäten Deutsch studiert hatten. Die anderen drei aber hatten mit dem Erlernen der deutschen Sprache erst durch den Kontakt mit ihrer deutschen Umgebung begonnen, nachdem sie als Erwachsene nach Deutschland gekommen waren. Bemerkenswert war, dass alle drei, die so spät angefangen hatten, Deutsch zu lernen - zwei von ihnen hatten übrigens keine akademische Ausbildung und dennoch sehr schnell die Sprache gelernt –als Kinder in ihrer Umgebung ziemlich viel und oft Deutsch gehört hatten. Sie wurden zwar nie direkt auf Deutsch unterrichtet oder angesprochen, hatten die Sprache aber zu Hause bzw. außerhalb regelmäßig gehört. Eine von ihnen, eine Schottin, die als Kind regelmäßig in eine deutsche Kirche in Glasgow ging, sagte: „Irgendwie hatte ich immer Deutsch im Ohr". Ein anderer, ein Amerikaner, hatte auch als Kind regelmäßig Deutsch gehört, weil sich seine Mutter und seine Tante, die von Deutschland in die USA ausgewandert waren, zu Hause immer auf Deutsch unterhalten hatten. Möglicherweise lernten diese Eltern deshalb so schnell und leicht Deutsch, und mit einer so guten Aussprache, weil sie der Sprache schon in jungen Jahren und über einen längeren Zeitraum hinweg passiv ausgesetzt waren. Dies ist meiner Meinung nach ein äußerst interessanter Punkt, denn es scheint darauf hinzudeuten, dass die Sprecher der Minoritätssprache, die mit ihren Kindern durchgehend ihre Muttersprache benutzen, eine bedeutende Investition in die Zukunft machen, auch wenn die Kinder anfangs gar nicht darauf reagieren. Die Wirkung, die der bloße Kontakt mit einer Sprache hat, sollte bei der Überlegung, ob man sein Kind zweisprachig erziehen möchte oder nicht, berücksichtigt werden.

Zusammenfassend kann bezüglich des Einflusses des sprachlichen Hintergrunds der Eltern festgestellt werden, dass dieser offensichtlich nur dann eine wichtige Rolle gespielt hat, wenn die deutschsprachigen Eltern – in diesem Fall also die Sprecher der Majoritätssprache – die Minoritätssprache schlecht oder gar nicht beherrschten. Es scheint im Großen und Ganzen für die zweisprachige Entwicklung des Kindes von Vorteil zu sein, wenn der Sprecher der Minoritätssprache zumindest Grundkenntnisse der anderen Sprache besitzt.

Die wichtigsten Punkte

1. Es wird wahrscheinlich für ein Kind schwieriger sein, die Minoritätssprache zu erlernen, wenn der Elternteil, der die Majoritätssprache spricht, die andere Sprache nicht oder nur wenig beherrscht.

2. Die Kenntnisse, die andererseits der Sprecher der Minoritätssprache von der Majoritätssprache hat, scheinen für die Zweisprachigkeit des Kindes von geringerer Bedeutung zu sein, obwohl es hilfreich sein kann, wenn zumindest Grundkenntnisse vorhanden sind.

3. Für junge Erwachsene könnte es leichter sein, eine zweite Sprache zu erlernen und insbesondere dabei eine gute Aussprache zu erwerben, wenn sie in einer Umgebung aufgewachsen sind, in der diese Sprache regelmäßig gesprochen wurde.

Strategien

Um etwas über ihre Strategien zu erfahren, fragte ich alle Paare, wie sie an das „Projekt Zweisprachigkeit" herangegangen sind. Ich wollte wissen, ob sie sich intensiv mit dem Thema beschäftigt hatten, und, falls dies der Fall war, für welche Methode oder Taktik sie sich entschieden hatten. So konnte ich die Eltern je nach der von ihnen gewählten Strategie in mehrere Gruppen einteilen. Ich unterschied vier Hauptkategorien:

a) die bereits erwähnte Methode „eine Person-eine Sprache".

b) die ebenfalls schon erwähnte, oft als „Gebiets-Strategie" bezeichnete Vorgehensweise, bei der eine Sprache nur in bestimmten, genau definierten Bereichen verwendet wird. Ansonsten wird die andere Sprache gesprochen. Im Allgemeinen wird ein „Gebiet" vereinbart, in dem die Minoritätssprache dann ausschließlich und von beiden Eltern gesprochen wird, zum Beispiel wenn die Familie zu Hause oder alleine ist.

c) die „sukzessive Zweisprachigkeit", bei der zunächst ab der Geburt des Kindes nur die Minoritätssprache verwendet wird; die Majoritätssprache wird erst zu einem späteren Zeitpunkt eingeführt, wenn das Kind in der ersten Sprache über ein gutes Fundament verfügt.

d) die sukzessive Zweisprachigkeit in umgekehrter Reihenfolge.

Außerdem ergaben sich noch zwei weitere Gruppen: e) eine Gruppe von Familien, die mit der Methode „eine Person-eine Sprache" begonnen hatte, aber diese nach kurzer Zeit wieder aufgab, entweder, weil es ihrer Meinung nach nicht funktionierte, weil sie nicht mehr an den späteren Erfolg glaubten, oder weil sie es einfach nicht durchgehalten hatten. Schließlich f) eine Gruppe von Paaren, deren Taktik darin bestand, beide Sprachen mehr oder weniger nach dem Zufallsprinzip zu sprechen.

Das Prinzip „eine Person-eine Sprache"

Mit 22 Familien wählte fast die Hälfte der befragten Paare diese Strategie, bei der die Eltern jeweils ihre eigene Muttersprache verwenden, wenn sie mit ihren Kindern sprechen. Es war innerhalb dieser Studie eindeutig die beliebteste Taktik. Es ist allerdings nicht ganz korrekt zu behaupten, dass alle Familien diese Strategie wirklich gewählt hätten. Exakt die Hälfte der englischsprachigen Eltern in dieser Gruppe gab an, bei der Geburt ihres ersten Kindes entweder gar kein oder nur sehr wenig oder nicht genug Deutsch beherrscht zu haben, um mit einem Säugling oder Kleinkind in dieser Sprache korrekt zu kommunizieren. Sechs unter ihnen wollten die Möglichkeit ausschließen, dass ihre Kinder ihre Fehler übernahmen und ein falsches Deutsch lernten. Eine Mutter zum Beispiel hielt ihr Deutsch für zu schlecht, um es zu Hause zu gebrauchen, und machte die Bemerkung, dass sie „es auf keinen Fall verwenden konnte, um mit einem Baby zu sprechen". Eine andere fand es deshalb schwierig, mit einem Kind in einer fremden Sprache zu sprechen, weil „eine Mutter, die müde ist, nun mal nicht gerade in akademischen Bahnen denkt". Obwohl diese Eltern ihre Kinder also durchaus zweisprachig erziehen wollten, stellte sich die Frage nach einer Strategie nicht, da sie ohnehin nicht viele Wahlmöglichkeiten hatten.

Das Gefühl, die andere Sprache nicht gut genug zu beherrschen, kannten auch die deutschen Eltern und dies war für einige unter ihnen auch der Grund, warum sie nicht Englisch als die Sprache wählten, die zu Hause von allen gesprochen werden sollte. Das galt auch für einen Vater mit fließendem Englisch (er sprach es täglich und war Englischlehrer für die gymnasiale Oberstufe), der aber dennoch der Meinung war, dass sein Englisch zwar gut genug für Lehrzwecke, aber nicht für eine Kommunikation mit seinen Töchtern war. Außerdem wollte er auch derjenige sein, der ihnen Deutsch beibrachte. Hier war die Wahl der Strategie also, wie in anderen Fällen auch, teilweise von einer persönlichen Einstellung zur Sprache beeinflusst. Diese Haltungen werden im Kapitel 8 "Einstellungen und Meinungen zu Sprache und Zweisprachigkeit" detaillierter beschrieben. Als ich die Eltern fragte, warum sie gerade diese Methode gewählt hatten, antworteten viele, dass sie ihnen als die natürlichste erscheine, eine Vorgehensweise, die sich von ganz alleine ergebe. Eine englische Mutter sagte, sie habe „einfach nach Gefühl entschieden".

Die nächste Frage an die Eltern dieser Gruppe war, ob sie einen bestimmten Vorteil in dieser Methode erkannt hatten, und ob sie dachten, dass die Strategie ihren Kindern dabei geholfen hatte, die zwei Sprachsysteme auseinander zu halten. Der zweite Teil der Frage war für viele nicht leicht zu beantworten, wie zwei Väter sofort anmerkten. Sie ergänzten, dass sie über keine Erfahrung mit anderen Methoden verfügten und keine Vergleichsmöglichkeit hatten.

Dennoch glaubten recht viele Eltern, auch die zwei eben genannten Väter, dass diese Methode den Kindern wahrscheinlich dabei geholfen haben könnte, „die Konzepte und Systeme gedanklich schärfer zu trennen", wie ein Vater es formulierte. Er versuchte, die Englischkenntnisse seiner Kinder mit denen von Freunden, die die Sprachen mischten, zu vergleichen. Anders als jene seien seine Kinder in der Lage, die beiden Systeme sehr gut auseinander zu halten. Ob das aber wirklich mit der Wahl der Strategie „eine Person-eine Sprache" zusammenhängt, konnte er nicht sagen. In dieser Familie wurde das Vermischen der Sprachen generell nicht gern gesehen und nur als eine Art Spiel geduldet. Alles andere hielten die Eltern für falsch, weil es während der Phase des Spracherwerbs die Kinder hätte verwirren können. Außerdem ermuntere es zur wahllosen Verwendung von Germanismen im Englischen, und umgekehrt.

Eine weitere Familie bevorzugte die Methode „eine Person-eine Sprache" gegenüber der „Gebiets-Strategie" aus einem anderen Grund. Sie hatte sie gewählt, weil nach ihrer Meinung auf diese Weise „Sprachen mit Menschen assoziiert werden und Klarheit herrscht".

Die Umfrage deutete an, dass manche Kinder durchaus in der Lage zu sein scheinen, zwei Sprachsysteme auseinander zu halten, indem sie jeder Sprache einer Person zuordnen. Sie tun dies auch lange bevor ein Verständnis für Sprache vorhanden ist, beziehungsweise eine Vorstellung davon, dass unterschiedliche Sprachen existieren. Einige Eltern zitierten als Beispiel Kommentare, die ihre Kinder schon sehr früh gemacht hatten, wie „Mama sagt Blume und Papa sagt flower" oder „Mummy says car, Papa sagt Auto". Eine Mutter erzählte, dass ihr Sohn einmal von seiner Großmutter wegen der falschen Aussprache des Worts „Apfelsaft" korrigiert wurde. Er antwortete: „Mama sagt apple juice und Papa sagt Apfelsaft". Das Kind wollte der Oma vermutlich mitteilen, dass es mehr als eine Möglichkeit gibt, um Dinge zu beschreiben. Die Tochter einer anderen Mutter, die diese Strategie gewählt hatte, sagte ganze Listen von Wörtern auf, wobei sie den englischen Wortlisten die deutschen Bedeutungen gegenüber stellte und diese auch Mama- oder Papa-Worte nannte.

Sie sagte zum Beispiel: „Mama Katze, Papa cat"; und wenn sie einen Begriff nur in einer Sprache kannte, sagte sie ihn mit einem fragendem Blick auf die Mutter in der Erwartung, dass sie ihr das Wort in der anderen Sprache sagen würde.

Auch andere Beispiele zeigten, wie schnell Kinder eine bestimmte Person mit einer bestimmten Sprache in Verbindung brachten. Wenn dies einmal zur Gewohnheit geworden war oder das Kind sich für eine Sprache entschieden hatte, wich es nur widerwillig von diesem Muster ab. Das galt nicht für alle Kinder, doch einige bestanden sogar darauf, von dem Sprecher der Minoritätssprache auch in dieser Sprache angesprochen zu werden, wenn dies den aufgestellten „Regeln" entsprach. Ein amerikanischer Vater gestand, dass er, wenn ihm der Geduldsfaden riss, seine Kinder schon mal auf Deutsch zusammenstauchte um sicherzugehen, dass sie auch wirklich verstanden, was er ihnen zu sagen hatte. Seine drei Kinder antworteten auf seine Ausraster regelmäßig mit einem vehementen: „Hey, du sollst mit uns doch Englisch reden!" Ein anderer amerikanischer Vater berichtete, dass seine Kinder darauf bestanden, von Mama und Papa nur in ihrer jeweiligen Muttersprache aus Büchern vorgelesen zu bekommen. Wenn nur der „falsche" Elternteil zur Verfügung stand, wurde das Buch, das sie eigentlich hören wollten, aus diesem Grund manchmal nicht gelesen. Der Vater stellte sich vor, dass sich die Sprachen in den Gehirnen seiner Kinder in unterschiedlichen Schubfächern befanden. Viele Eltern erwähnten, dass ihre Kinder sich weigerten, mit Deutschen Englisch zu reden und manchmal auch mit Leuten, die sie für Deutsche hielten, weil sie oft Deutsch sprachen. Eine Mutter stellte fest, dass Kinder sofort „riechen" würden, welche Personen Englisch nicht jeden Tag sprechen sondern nur ihr Schulenglisch an ihnen austesten wollten. In solchen Situationen verweigerten ihre Kinder die Kooperation und antworteten nicht auf Englisch. Kinder waren auch nicht dazu bereit, so fuhr sie fort, vor älteren Verwandten oder anderen Besuchern „kleine Vorstellungen" auf Englisch zu geben, wahrscheinlich kamen sie sich dabei wie „dressierte Hunde" vor.

Eine andere englische Mutter beschrieb eine interessante Situation, die sich anlässlich eines der regelmäßigen Verwandtenbesuche in Leicestershire ereignete. Die Verwandten erhielten einen Anruf von einer deutschen Freundin, die in England lebte. Diese Freundin hätte gerne mit ihrem Sohn Deutsch gesprochen, vielleicht weil sie dazu in Leicestershire nicht oft Gelegenheit dazu hatte oder weil sie einfach neugierig darauf war, den Jungen Deutsch sprechen zu hören. Sie versuchte es - aber es war nichts zu machen. Er weigerte sich rundweg, ihr auf Deutsch zu antworten, vielleicht, weil sie zu der Zeit in England waren und er gelernt hatte, zu allen Menschen dort Englisch zu sprechen, vermutete die Mutter, und vielleicht weil er bemerkt hatte, dass diese deutsche Frau gut Englisch sprach. Kurze Zeit nach diesem Ereignis, immer noch in Leicestershire, bekam dieselbe Familie wieder Besuch. Dieses Mal waren es englische Freunde mit ihrer kleinen Tochter. Die zwei Familien hatten sich kennen gelernt, als beide noch in Berlin lebten. Obwohl die zwei Kinder britisch waren (bzw. halb britisch im Falle des Jungen) und sie sich in England befanden, sprachen sie beim Spielen auf Anhieb Deutsch miteinander, da dies die Sprache war, mit der ihre Freundschaft in Deutschland begonnen hatte. Anscheinend bestimmen manchmal der Ort und die Gewohnheit, jeweils auf eigene Weise, welche Sprache ein Kind zu sprechen gewillt ist.

Ein weiterer ähnlicher Fall wurde mir von einer englischen Mutter berichtet, die sich in Berlin regelmäßig mit zwei britischen Freundinnen traf, die ebenfalls dort lebten und mit Deutschen verheiratet waren. Ihre Tochter sprach mit der einen Frau auf Deutsch, mit der anderen auf Englisch, obwohl die Mutter mit beiden immer Englisch sprach und diese das Kind ebenfalls beide auf Englisch anredeten. Der Mutter fiel dafür nur eine Erklärung ein: Ihre Tochter hatte die Frau, der sie auf Deutsch antwortete, meistens Deutsch mit ihren Kindern sprechen hören, während sie bei der anderen Frau anscheinend noch nicht bemerkt hatte, dass sie die deutsche Sprache ebenfalls gut beherrschte. Auch hier scheinen Kinder manchmal bestimmte Personen mit bestimmten Sprachen in Verbindung zu bringen, auch wenn es nicht unbedingt deren Muttersprache sein muss.

Schließlich möchte ich noch von dem einzigen Paar in dieser Gruppe berichten, das die Methode „eine Person-eine Sprache" gewählt hatte und dies später bereute. Paradoxerweise gehörte es zu den wenigen Paaren, die sich über Strategiefragen besonders viele Gedanken gemacht hatten. Sie hatten einen befreundeten Bibliothekar um Hilfe gebeten und von ihm einige Artikel zu dem Thema bekommen. Doch zum Zeitpunkt der Geburt ihres ersten Kindes 1971 gab es relativ wenig Literatur zu dieser Form der Zweisprachigkeit und praktisch nichts davon war als Ratgeber für Eltern geschrieben. Dennoch schienen die erhaltenen Informationen ihnen dabei geholfen zu haben, eine letztlich sehr bewusste Entscheidung zu treffen. Beide

Kinder waren zum Zeitpunkt des Interviews Anfang Zwanzig und beherrschten beide Sprachen gut, obwohl das Mädchen deutlich besser Englisch sprach als ihr Bruder. Dies war auch schon einige Jahre zuvor so gewesen, als ich meine erste Studie durchgeführt und beide persönlich befragt hatte. Dennoch waren die Eltern im Nachhinein der Meinung, dass sie heute in der gleichen Situation eine Strategie wählen würden, bei der Englisch die Sprache für zu Hause wäre und von beiden Eltern, wann und wo auch immer möglich, gesprochen würde. In ihrem Fall wäre das eine echte Alternative gewesen, denn der deutsche Vater war halb Australier. Er war zwar nicht zweisprachig aufgewachsen, hatte Englisch aber als zweite Sprache von seiner australischen Mutter gelernt. Englisch zu sprechen fiel ihm leicht, er konnte es fließend und tatsächlich sprach er mit seinen Kinder später öfters in dieser Sprache. Doch zum Zeitpunkt des Interviews tat es beiden Eltern Leid, dass sie sich nicht entschieden hatten, Englisch als Sprache für zu Hause zu wählen, denn das Deutsche hatte sich öfter in die Familiengespräche eingeschlichen, als sie es sich anfänglich vorgestellt hatten, und das Prinzip „eine Person–eine Sprache" war nicht gerade ein voller Erfolg gewesen. Hätte er von Beginn an Englisch mit seinen Kindern gesprochen und es als Familiensprache etabliert, so der Vater, hätten sie die Sprache viel öfter gehört und eventuell bessere Kenntnisse erlangt.

Die Gebiets-Strategie

Nur fünf Familien in meiner Gruppe entschieden sich für diese Methode. Sie kommt meistens dann nicht in Frage, wenn der Sprecher der Majoritätssprache sich unwohl dabei fühlt, sich im familiären Umfeld permanent in einer fremden Sprache ausdrücken zu müssen. Drei der Familien entschlossen sich für diese Strategie, weil es ihnen wichtig war, dafür zu sorgen, dass die Kinder, die in einer Umgebung aufwuchsen, in der das Deutsche dominierte, so oft wie möglich Englisch hörten. Sie wollten „das Gleichgewicht zwischen den Sprachen halten", wie es ein Paar formulierte. In allen drei Familien waren die deutschen Väter Englischlehrer, zwei an der Universität, der dritte an einer Oberschule. Alle drei verfügten über fast muttersprachliche Englischkenntnisse, so dass sie die freie Wahl hatten. Eine der Ehefrauen fand dieses Modell deshalb besser als das Prinzip „eine Person–eine Sprache", weil sie meinte, dass es für ein Kind extrem verwirrend sein müsse, von den beiden Menschen, die ihm am nächsten stehen, ständig in zwei unterschiedlichen Sprachen angesprochen zu werden. Wird das Kind in rascher Folge von beiden Eltern abwechselnd angesprochen, weiß es vielleicht nicht, in welcher Sprache es antworten soll. Sie war sich aber auch ihrer glücklichen Situation bewusst, überhaupt zwischen den Möglichkeiten wählen zu können, da ihr Ehemann nicht nur willens, sondern auch in der Lage war, sich mit ihrer Tochter auf Englisch zu unterhalten.

Das vierte Paar war das einzige in der Gruppe, in dem beide Eltern Englisch als Muttersprache hatten. Ich wollte, dass sie an der Studie teilnehmen, weil die Mutter als Lehrerin an einer zweisprachigen Schule sehr viel Erfahrung mit dem Thema bilinguale Erziehung gesammelt hatte. In diesem speziellen Fall war die Entscheidung wohl vorhersehbar. Schließlich gab es noch eine Familie mit einer schottischen Mutter, deren Versuch, ihre Tochter aus erster Ehe nach dem Prinzip „eine Person-eine Sprache" zu erziehen, gescheitert war. Als sie erneut heiratete, entschied sie, in Absprache mit den anderen Mitgliedern ihrer neuen Familie, dass zu Hause mit ihrem zweiten Kind nur Englisch geredet werden würde. Die Strategie wich in diesem Fall etwas von der oben definierten ab, da die anderen Familienmitglieder untereinander immer Deutsch sprachen. Doch alle bemühten sich, mit dem Neugeborenen Englisch zu sprechen.

Zwei Paaren in dieser Gruppe war anscheinend geraten worden, die „Gebiets- Strategie" der Methode „eine Person-eine Sprache" vorzuziehen, weil letztere eventuell den unerwünschten Nebeneffekt haben könnte, dass die betreffende Sprache, wie bereits erwähnt, mit dem Geschlecht des jeweiligen Elternteils assoziiert werden könnte. Auch ein anderer Vater, der nicht in dieser Untergruppe war, hatte sich aus diesem Grund gegen „eine Person–eine Sprache" entschieden. Er befürchtete, dass eine Sprache, die mit einem bestimmten Elternteil assoziiert wird, von einem Kind abgelehnt werden könnte, wenn es mit diesem Elternteil nicht gut auskommt, was nie ausgeschlossen werden kann. Mehr zu diesem Thema im Abschnitt über die Auswirkungen von emotionalen Bindungen auf Zweisprachigkeit in Kapitel 8 "Einstellungen und Meinungen zu Sprache und Zweisprachigkeit".

Obwohl der Bezugspunkt bei dieser Strategie eher ein Bereich und nicht eine Person ist, werden Kinder, die mit dieser Methode erzogen werden dennoch bestimmte Personen mit bestimmten Sprachen in Verbindung bringen. Dies illustriert der Fall eines Kleinkindes, das beim Anblick einer Blume zu seiner englischen Mutter sagte: „Pretty flower, Opa says Blume" („Schöne Blume, Opa sagt Blume"). Das Kind war damals noch sehr klein und wusste vermutlich nicht, dass es zwei verschiedene Sprachen gibt, brachte Deutsch aber schon mit dem Großvater in Verbindung.

Es ist für ein Kind wahrscheinlich wichtig zu wissen, wen es in welcher Sprache ansprechen und wo es welche Sprache verwenden soll, da die „Gebiete" in der Praxis nicht immer eindeutig voneinander zu trennen sind. Beim Gespräch über dieses Thema sagte eine Familie, dass dies für sie aber nie ein Problem gewesen war. Ihrer Meinung nach schienen Kinder sowieso immer Sprachen mit Menschen zu verbinden. Diese Eltern erzählten von einem Vorfall, der für sie ebenso überraschend wie erfreulich war. Sie waren bei den Schwiegereltern der englischen Mutter zum Nachmittagskaffee eingeladen worden. Bei ihrer Ankunft war der Kaffee bereits fertig, aber Großvater hielt noch sein Mittagsschläfchen. Die Mutter bat ihren Dreijährigen auf Englisch, Großvater wecken zu gehen und ihm zu sagen, dass der Kaffee fertig sei. Er ging sofort zu ihm und sagte ohne eine Sekunde zu zögern auf Deutsch: „Opi, wach auf, Kaffee ist fertig."

Das Beispiel eines anderen Kindes, das mit dieser Strategie erzogen wurde, zeigt aber, dass manche Kinder Schwierigkeiten haben, in der passenden Sprache zu reagieren, egal welche Methode angewandt wird. Es war den Eltern gelungen, zu Hause den Gebrauch des Englischen zu etablieren, obwohl ihr jüngerer Sohn durch die deutschen Freunde, die der ältere Bruder zum Spielen nach Hause einlud, wahrscheinlich oft und viel Deutsch hörte. Als der Jüngere drei Jahre alt war, zog die Familie für eine Zeit in die USA und er sprach dort weiterhin immer Deutsch, die einzige Sprache, die er bis dahin gesprochen hatte. Für die Dauer von etwa vier Monaten sprach er ganz unbefangen überall und mit jedem Deutsch und war recht zufrieden mit der Situation. Es störte ihn auch nicht weiter, dass die meisten Menschen ihn nicht verstehen konnten. Seine amerikanische Mutter vermutete, dass er wahrscheinlich später zu der Gruppe von Menschen gehören würde, die lieber nur in einem bestimmten Land leben und einfach nur eine Sprache sprechen wollen.

Ein anderes Paar schließlich, das zunächst die Strategie „eine Person-eine Sprache" gewählt und dann wieder verworfen hatte, versuchte daraufhin, zu Hause nach und nach das Englische einzuführen, allerdings auf eine etwas andere Art und Weise. An bestimmten Tagen und in bestimmten Situationen sollte zu Hause Englisch gesprochen werden. Es wurde vereinbart, dass an den Wochenenden, wenn der amerikanische Vater zu Hause war, und vor allem in Situationen, in denen die gesamte Familie anwesend war (wie zum Beispiel bei den gemeinsamen Mahlzeiten), Englisch gesprochen werden würde. Das Paar gestand, dass dieses Experiment ein einziges Desaster gewesen war. Sowohl die beiden Kinder wie auch die deutsche Mutter hatten die Situation als total künstlich empfunden und waren nicht in der Lage gewesen, sich konsequent an diesen Plan zu halten. Dies führte schließlich dazu, dass früher oder später irgendjemand ins Deutsche zurückfiel und die anderen ihm folgten.

Sukzessive Zweisprachigkeit

Nur zwei der von mir befragten Familien entschieden sich dazu, ihre Kinder zunächst in der Minoritätssprache zu erziehen und die Majoritätssprache später einzuführen. Wie die Eltern in der oben erwähnten Gruppe wollten beide Familien eine Situation schaffen, in der das Englische zunächst dominierte. Denn sie waren sich des enormen Einflusses bewusst, den das Deutsche auf das Leben ihrer Kinder haben würde, sobald diese mit der Außenwelt konfrontiert werden würden. Beide Familien waren, wie bereits erwähnt, in ihrer Entscheidung durch die Meinung Außenstehender beeinflusst worden. In einem Fall wurde der allein erziehenden Mutter im Krankenhaus, in dem sie ihre erste Tochter bekam, vom Kinderarzt geraten, die zweite Sprache erst dann einzuführen, wenn die erste gut beherrscht wurde. Sie hatte insofern Glück, als es ihr leicht fiel, einen rein englischsprachigen Haushalt zu etablieren. Die Kinder wurden von ihrer Mutter und von einer Reihe Au-Pair-Mädchen erzogen, die allesamt Englisch-Muttersprachlerinnen waren und verschiedene Varianten von Englisch sprachen. Ein weiteres Mitglied des Haushaltes war der englische Neffe der Mutter, der eine Zeit lang bei ihnen wohnte. Zu Hause wurde nur dann Deutsch gesprochen, wenn die Familie vom Vater der beiden Mädchen oder von anderen deutschen Freunden besucht wurde. Die Mädchen sprachen untereinander immer Englisch, obwohl sie ihr ganzes Leben in Berlin verbracht hatten.

Der zweite Fall war die bereits mehrfach erwähnte Familie, die sich in ihrer Entscheidung zu Gunsten dieser Methode von den Lehren Rudolf Steiners beeinflussen ließ. Auch in diesem Fall hatten die Eltern keinerlei Schwierigkeiten, diese Strategie durchzuführen. Der deutsche Vater sprach ein tadelloses Englisch; es war eines seiner Studienfächer an der Universität gewesen. Beide Eltern waren Lehrer an der Waldorfschule in Berlin und bezeichneten sich als „sehr sprachinteressiert". Dennoch ist es unwahrscheinlich, dass sie die deutsche Sprache ganz aus den ersten Lebensjahren ihrer Töchter verbannen konnten, wie sie es vorhatten, auch wenn sie kein Fernsehgerät besaßen und den Mädchen das Hören von Kassetten oder Schallplatten nicht erlaubten. Spätestens beim vierten und letzten Kind gelang ihnen das gewiss nicht, denn als es sprechen lernte, muss es von den älteren Geschwistern Deutsch gehört haben. Inzwischen hatten sie in der Schule Deutsch gelernt und sprachen es zu Hause untereinander. Aber beide Eltern waren extrem konsequent bei der Durchsetzung dieser Strategie und taten alles was in ihrer Macht stand, um die älteren Kinder dazu zu bringen, mit den jüngeren nur Englisch zu sprechen. Die Mutter beschrieb sich selbst als sehr hartnäckige Person: wenn sie sich etwas in den Kopf gesetzt hatte, blieb sie auch dabei. Ich werde später in dem Abschnitt über die Problemlösungs-Strategien in Kapitel 10 „Probleme der zweisprachigen Kindererziehung" auf diese Familie zurückkommen, um zu besprechen, wie sie versuchte, die auftretenden Schwierigkeiten zu überwinden.

Das Beispiel einer anderen Familie zeigt, dass ein Kleinkind, das ohne Geschwister aufwächst, wenig Kenntnis von der Sprache des Landes haben kann, auch wenn es nicht in einer „Ghetto-ähnlichen" Situation lebt. Die Tochter wurde zunächst nach dem Prinzip „eine Person–eine Sprache" aufgezogen, konnte aber praktisch kein Deutsch, als sie mit drei Jahren in den Kindergarten kam. Dies lag daran, dass sie ihren deutschen Vater, der in der Gastronomie arbeitete und oft bis spät nachts beschäftigt war, sehr selten zu sehen bekommen hatte. Wenn er abends nach Hause kam, lag sie normalerweise schon im Bett. Wie die zwei Mädchen der allein erziehenden Mutter hatte sie viele Jahre ihres Lebens entweder mit ihrer Mutter oder mit einer der zahlreichen englischsprachigen Kindermädchen oder Au-Pairs verbracht.

Es gab nur eine Familie, die bewusst die Entscheidung getroffen hatte, ihre Kinder zuerst mit der deutschen Sprache aufzuziehen und Englisch später einzuführen. Der amerikanische Vater hatte sich für die sukzessive Methode entschieden, weil die Strategie „eine Person–eine Sprache" die Gefahr barg, dass seine Frau von großen Teilen der Konversation ausgeschlossen worden wäre, da sie aus der ehemaligen DDR stammte und in der Schule praktisch kein Englisch gelernt hatte. Sie fühlte sich in der englischen Sprache überhaupt nicht wohl.

Ein anderes Ziel bestand darin, verwirrende Situationen, in denen ein Kind nicht weiß, welche Sprache es verwenden soll, zu vermeiden. Einige Leute, darunter auch Linguisten, sind der Meinung, dass dies für Kinder kein Problem darstellt, da sie sich immer nur an eine Person auf einmal wenden. Dieser Vater war allerdings anderer Ansicht, und die Frage insgesamt wird immer noch kontrovers diskutiert. Die Familie war mit dieser Strategie recht erfolgreich, doch das mag vor allem daran gelegen haben, dass die Kinder eine zweisprachige Schule besuchten. Der Vater selbst sagte, dass der Grad der Zweisprachigkeit der Kinder sich zwar ständig erhöhte, dass dies aber ohne Hilfe von außen wahrscheinlich extrem schwierig gewesen wäre. Dass seine Frau kein Englisch sprach, war immer noch ein Problem, und seiner Meinung nach würde sich dies auch in Zukunft nicht ändern.

Die restlichen fünf Familien dieser Gruppe hatten keinen ernsthaften Versuch unternommen, ihre Kinder in jungen Jahren zweisprachig zu erziehen. Ich zähle sie jedoch zu dieser Gruppe dazu, da ihre Kinder zunächst nur Deutsch lernten, später aber auch Englisch, in einigen Fällen sogar eine ganze Menge. Von allen konnte gesagt werden, dass sie am Ende besser Englisch sprachen als ihre deutschen Altersgenossen, die Englisch nur im Rahmen des Schulunterrichts lernten. Dies lag wohl vornehmlich daran, dass sie - entweder bei Aufenthalten in englischsprachigen Ländern oder wenn sie von englischsprachigen Freunden oder Verwandten besucht wurden – sehr viel Englisch gehört hatten. Zwei dieser Familien bedauerten, dass ihre Kinder nicht besser Englisch gelernt hatten. Die anderen drei waren mit ihrer Situation recht zufrieden, wobei eine unter ihnen, wie bereits erwähnt, Zweisprachigkeit in gemischtsprachigen Ehen als unerwünschtes Experiment ansah, das man besser lassen sollte.

Familien, die mit der Methode „eine Person-eine Sprache" keinen Erfolg hatten.

Weitere acht Familien hatten die Strategie „eine Person–eine Sprache" angewendet, sie aber wieder aufgegeben, als ihre ersten Kinder zwischen ein und drei Jahren alt waren. In den meisten dieser Familien wurde weiterhin etwas Englisch gesprochen, es wurde im Laufe der Zeit aber immer weniger. In den meisten Fällen antworteten die Kinder nicht auf Englisch, außer bei Personen, die kein Deutsch verstanden und mit denen sonst gar keine Kommunikation möglich gewesen wäre. Ich werde über die Gründe für das Scheitern dieser Familien in dem Abschnitt im Kapitel 10 „Probleme der zweisprachigen Kindererziehung" sprechen, der sich mit den Problemen bei der zweisprachigen Erziehung von Kindern beschäftigt. Es gab in dieser Gruppe eine Ausnahme. Die Familie mit dem zweisprachigen Vater wechselte von der Methode „eine Person-eine Sprache" dazu über, ein zufälliges Mischen der Sprachen zu erlauben. Diese Strategie hatten auch seine Eltern verfolgt, die alle drei Kinder zweisprachig erzogen hatten ohne eine bestimmte Methode zu verfolgen.

In zwei der Familien hatten die englischsprachigen Elternteile ein zweites Mal geheiratet, waren in Deutschland geblieben und hatten sozusagen eine zweite Chance bekommen. Mit neuem Partner (und in einem Fall einem Wechsel zur „Gebietsstrategie") waren sie das zweite Mal wesentlich erfolgreicher gewesen.

Wie die Kinder in der davor besprochenen Gruppe hatten die Kinder dieser Gruppe bessere Kenntnisse des Englischen als gleichaltrige Deutsche. Einige unter ihnen hatten sich häufig oder für längere Zeit im englischsprachigen Ausland oder bei Englisch sprechenden Freunden oder Verwandten aufgehalten. Eines dieser Kinder entschied sich später für ein Englischstudium an der Universität.

Ich sollte abschließend vielleicht erwähnen, dass eine beachtliche Anzahl derjenigen Eltern, die ihre Erstgeborenen nach dem Prinzip „eine Person–eine Sprache" erzogen hatten, beim zweiten bzw. bei weiteren Kindern weniger erfolgreich gewesen waren, so dass es in späteren Jahren zu einem beträchtlichen Mischen der Sprachen kam. Eine Mutter sagte: „je mehr Kinder wir bekommen, desto schlechter ist ihr Englisch". Ich werde auf diesen Aspekt im Kapitel 7 „Die Reihenfolge der Kinder in der Familie" zurückkommen, wenn wir die Bedeutung der Geburtsreihenfolge für den bilingualen Spracherwerb betrachten.

Familien, die sich für das Mischen der Sprachen entschieden hatten

Unter allen Befragten waren nur zwei Familien, die berichteten, dass sie die Sprachen gemischt hatten. Bei ihnen hatten die Eltern mit ihren Kindern von der Geburt an nach Belieben mal in der einen und mal in der anderen Sprache gesprochen. Eine war die oben bereits erwähnte Familie, deren ebenfalls an der Studie teilnehmender ältester Sohn bei seinen vier Kindern nach dem Scheitern der Strategie „eine Person-eine Sprache" später selbst auf diese Methode zurückgegriffen hatte. Seine Eltern hatten sich über Sprachen keine Gedanken gemacht, als sie ihn erwarteten. Sie waren damals noch nicht sicher, ob sie in die USA ziehen oder in Europa bleiben würden. Nach einigen Jahren, in denen sie öfters umzogen, ließen sie sich schließlich in Deutschland nieder. Bis zu diesem Zeitpunkt hatten sie in beiden Sprachen mit ihren Kindern gesprochen und diese Angewohnheit ließ sich nicht mehr ablegen. In ihren ersten Jahren waren sie beide damit beschäftigt, die Sprache des jeweils anderen zu erlernen. Die deutsche Mutter war im ehemaligen Ostdeutschland mit sehr wenig Schulenglisch aufgewachsen, und ihr Ehemann, der mit der US-Armee nach Deutschland gekommen war, konnte am Anfang wenig oder gar kein Deutsch. Deshalb waren beide darauf bedacht, die Sprache des Partners so oft wie möglich zu üben und sie benutzten sie auch, wenn sie mit ihren Kindern sprachen. Die Mutter beschrieb die Situation folgendermaßen:

„Wir sprachen einfach in der Sprache, die uns zuerst in den Sinn kam, und welcher Begriff auch immer uns für ein Ding gerade auf der Zunge lag, wurde ausgesprochen, Englisch oder Deutsch."

Ganz anders war die Situation der zweiten Familie. Hier hatten sich die Eltern sehr bewusst dafür entschieden, ihre Kinder in beiden Sprachen anzusprechen. Diese Entscheidung war, wie der Vater erklärte, von seiner „kanadischen Erfahrung" beeinflusst. Als er in den sechziger Jahren an der Universität Montréal studierte, lernte er die dort vertretene Lehrmeinung kennen, dass ein Kind beide Sprachen gleichzeitig lernen sollte und dass beide Eltern in beiden Sprachen mit ihm sprechen sollten. Die Idee hinter dieser Strategie war, wie er ausführte, dass Kinder eine Sprache nicht mit einer bestimmten Person verbinden oder identifizieren sollten, ein Gedanke, der bereits erwähnt wurde. Ein weiterer wesentlicher Gedanke war, dass beide Sprachen als gleichberechtigt oder gleich wichtig angesehen werden sollten. Er beschrieb seine Theorie mit den folgenden Worten:

„Wenn du ein Elternteil hast, das die Sprache der Umgebung spricht, sozusagen die allgemein gültige Währung, und der andere spricht nur in der Fremdwährung, die ausschließlich beim Umgang mit dieser Person gültig ist, dann gibt es gute Gründe, nur die eine Sprache zu lernen und nicht die andere. Außerdem wird dann die zweite Sprache völlig mit dieser einzelnen Person in Verbindung gebracht, so dass emotionale Probleme mit dieser Person emotionale Probleme mit der Sprache bedeuten. So entschieden wir uns dafür, dass die Last auf beide Eltern verteilt werden soll."

Seine Frau war ebenfalls der Meinung, dass das Englisch als Minoritätssprache sonst vielleicht verdrängt worden wäre, als der Einfluss der Außenwelt und damit auch der deutschen Sprache auf das Familienleben wuchs. Sie wollten nicht unbedingt, dass ihre Kinder so viel Englisch wie nur möglich hörten, sagten die Eltern. Aber sie versuchten ihnen zu vermitteln, dass es ebenso „wertvoll" war wie Deutsch. Als die Kinder älter wurden, neigten die Eltern dazu, mehr und mehr ihre jeweils eigene Sprache zu sprechen, auch wenn weiterhin gemischt wurde. Englisch wurde tatsächlich innerhalb der Familie zur vorherrschenden Sprache, ein Effekt, der bei dieser Form der Zweisprachigkeit eher selten zu beobachten ist. Dies lag wahrscheinlich daran, dass die Kinder eine zweisprachige Schule besuchten, in der sie täglich Englisch hörten und sprachen. Sie wurden auch auf Englisch unterrichtet und hatten an diesen Stunden wohl mehr Spaß als an Unterricht, der auf Deutsch erteilt wurde.

Wie die persönliche Einstellung die Strategie und ihre Verwirklichung beeinflusst

Für viele Eltern verstand es sich ganz von selbst, ihre Kinder auf Englisch zu erziehen, vor allem für englischsprachige Mütter. Es erschien ihnen selbstverständlich und natürlich, so zu handeln. Außerdem zweifelten sie nicht daran, dass ihre Kinder in einer deutschen Umgebung ohnehin Deutsch lernen würden. Für einige Mütter wäre es unvorstellbar gewesen, ihre kleinen Kinder in ihrem fehlerhaften Deutsch anzusprechen. Für andere aber, die sich daran gewöhnt hatten, die meiste Zeit Deutsch zu sprechen, war es nicht einfach, wieder ins Englische zurück zu wechseln. Manche sagten, dass dies enormer Anstrengung und großer Entschlossenheit bedürfe. Eine Mutter erzählte sogar, dass es seltsam für sie gewesen sei, sich zu ihrem Kind Englisch sprechen zu hören, nachdem sie so lange nur Deutsch gesprochen hatte. Sie gewöhnte sich aber schnell daran und es störte sie später auch nicht, wenn Leute sie auf der Straße anstarrten, weil sie mit dem Kind Englisch sprach..

Eltern, die so reagierten, erklärten oft, dass sie ihre Muttersprache als Teil ihrer Persönlichkeit und Identität ansahen. Viele meinten, dass es sie von ihren Kindern entferne, wenn sie in einer Fremdsprache mit ihnen redeten. Eine amerikanische Mutter machte die Erfahrung, dass es ihr ein tiefes Bedürfnis war, ihren zwei Jungen gegenüber ihre Gefühle in der Muttersprache auszudrücken. Und sie bestand auch darauf dies zu tun. Wenn sie ihr auf Deutsch antworteten, sagte sie: „Ihr könnt sprechen, was ihr wollt. Ihr könnt euch meinetwegen auf Chinesisch unterhalten, aber ich werde Englisch sprechen. Bei mir zu Hause habe ich das Recht, so zu sprechen, wie ich will, und ich werde Englisch sprechen. Wenn ihr mit mir Deutsch sprecht, ist das in Ordnung." Andere Eltern wiesen auf die Tatsache hin, dass die Kinder selbst auch nicht einfach nur Deutsche waren und einige von ihnen sich nur teilweise als Deutsche fühlten. Sprache war für sie deshalb ein Teil ihrer Identität oder würde es werden. Dies gelte auch für die Kultur, die teilweise über die Sprache vermittelt wird, wie ein Vater bemerkte. Ein anderer meinte, dass die amerikanische Staatsbürgerschaft seinen Kinder mehr sein sollte als nur der Besitz eines Passes.

All diese Familien hatten eine klare, wenn auch nicht immer einfache Entscheidung für die Zweisprachigkeit getroffen. Obwohl sie häufig glaubten, dass diese Aufgabe recht schwierig werden könnte, waren sie davon überzeugt, dass der Prozess so weit wie möglich auf natürliche Art und Weise verlaufen sollte. Insgesamt lehnten sie es alle ab, in irgendeiner Form Druck auf ihre Kinder auszuüben. Sie alle versuchten, in Bezug auf die Sprache eine lockere Atmosphäre zu schaffen. Eine Mutter sagte, dass sie und ihr Mann sich immer für das, „was am wenigsten verkrampft schien", entschieden hatten. Eine andere Mutter meinte, dass sie den Spaß an Sprache in den Mittelpunkt gerückt habe. Eine weitere Mutter wiederum glaubte, dass der Erfolg von einer natürlichen Herangehensweise abhänge. In diesem Zusammenhang erwähnte sie eine Familie, die sie in Berlin kennen gelernt hatte. Die Eltern hatten versucht, ihre Kinder zweisprachig zu erziehen, indem sie ihnen zu Hause Englischunterricht gaben anstatt sie das Englische auf natürliche Weise aufnehmen zu lassen. Sie wählten diese Herangehensweise, obwohl sie beide Englisch als Muttersprache hatten. Sie waren kläglich gescheitert. Das Experiment hatte nicht nur auf die Sprachkompetenz der Kinder sondern auch auf ihre allgemeine Entwicklung eine sehr negative Wirkung gehabt.

Ein Elternpaar in der Gruppe war es offenbar besonders gut gelungen, ihre Kinder auf recht natürliche Weise zweisprachig zu erziehen, da diese lange Zeit in dem Glauben heranwuchsen, dass alle Kinder zweisprachig erzogen werden.

All diese eben beschriebenen Familien, deren allgemeine persönliche Einstellung die Verwirklichung ihrer Ziele in Hinblick auf die Zweisprachigkeit klar beeinflusst hatte, waren fest entschlossen, ihre einmal festgelegte Strategie so konsequent wie möglich zu verfolgen, was nicht heißt, dass alle automatisch ein gutes Ergebnis erwarteten. Häufig sagten Eltern, dass sie keine Ahnung hätten, was dabei herauskommen würde. Sie hatten aber das Gefühl, dass es sich schon lohne, einen gewissen Grad an Zweisprachigkeit anzustreben. Einige versuchten zu erreichen, dass ihre Kinder sich in beiden Sprachen einigermaßen wohl fühlten. Wenn die Kinder begannen, die Sprachen zu mischen oder erste Probleme auftraten, blieben die meisten zuversichtlich, dass sich solche Probleme mit der Zeit von alleine wieder erledigen würden.

Manche dieser Eltern, die dieses Vorgehen mehr oder weniger für eine Selbstverständlichkeit hielten, zeigten wenig Verständnis für diejenigen, die einen anderen Weg gewählt hatten. Ein schottischer Vater zweier bilingualer Söhne war erstaunt, dass es überhaupt Eltern gab, die sich in ähnlicher Situation gegen eine zweisprachige Erziehung entschieden hatten. Natürlich könne man ein Kind nicht dazu zwingen, eine Sprache zu lernen, aber es nicht einmal anzubieten hieße seiner Meinung nach ihm etwas vorzuenthalten. Das fand er dem Kind gegenüber unfair. Er war davon überzeugt, dass jüngere Kinder schneller lernen als ältere, und er erinnerte daran, dass in Deutschland Englisch in der Schule sowieso Pflichtfach sei. Deshalb hielt er es für vernünftig, sie die Sprache so früh wie möglich lernen oder zumindest hören zu lassen, wenn man schon die Gelegenheit dazu hat. Wir wissen doch alle, meinte er, wie schwierig es ist, eine Sprache zu sprechen, die man nur in der Schule gelernt hat. Eine Mutter betrachtete dieses Problem von einem eher emotionalen und weniger praktischen Standpunkt. Sie konnte sich einfach nicht vorstellen, nicht in ihrer Muttersprache mit ihrer Tochter zu sprechen oder dass das Kind nicht in der Lage sei, mit ihr in dieser Sprache zu sprechen. Englisch sei so sehr Teil ihrer Persönlichkeit, fügte sie hinzu, dass es für sie unmöglich gewesen wäre, wenn ihre Tochter es nicht zu verstehen und zu sprechen gelernt hätte.

Als Zusammenfassung kann man sagen, dass all diese Eltern optimistisch waren, zuversichtlich an die Sache herangegangen sind und überzeugt waren, dass das Erlernen zweier Sprachen als ein natürlicher Prozess angesehen werden sollte. Obwohl sie alle von der Richtigkeit ihrer Entscheidung überzeugt waren, waren sie sich keinesfalls immer sicher, dass ihr Kind auch wirklich zweisprachig werden würde.

Sprache in der Kindererziehung: nur eine Priorität unter anderen

Es gab unter den Befragten ein Paar, von dem mit Sicherheit gesagt werden kann, dass es eine sehr positive Einstellung zu Sprache allgemein und besonders zur Zweisprachigkeit hatte. Beide Eltern waren Englischlehrer und hatten die jeweils andere Sprache an der Universität studiert, bevor sie sich kennen gelernt und geheiratet hatten. Dennoch äußerten sie die Ansicht, dass Sprache nicht wichtiger als andere Aspekte der Kindererziehung werden dürfe. Da diese Ansicht die Gedanken vieler anderer Familien widerspiegelt, möchte ich sie hier als Beispiel für eine weit verbreitete Haltung gegenüber dem Lernen von Sprachen anführen. Sie hat zwangsläufig Auswirkungen darauf, wie eine gewählte Strategie durchgesetzt wird.

Der deutsche Vater dieser Familie sprach ein exzellentes Englisch und unterrichtete es in der Gymnasial-Oberstufe. Dennoch fühlte er sich nicht wohl dabei, zu Hause mit seinen Töchtern in dieser Sprache zu sprechen. Aus diesem Grund hatte sich die Familie für das Prinzip „eine Person-eine Sprache" entschieden. Die Mutter, die wie ihr Mann sehr gute Kenntnisse in beiden Sprachen hatte, erkannte bald, dass es relativ selten Situationen gab, in denen sie mit ihren Töchtern allein war und es somit automatisch auch nur wenige Gelegenheiten gab, in denen ihre Töchter Englisch hörten und sprachen, weit weniger als sie ursprünglich angenommen hatte. Um mehr Englisch zu sprechen, hätte sie künstliche Situationen schaffen können, doch das lehnte sie ab. Die Schwierigkeiten wurden dieser Mutter in dem Moment klar, als die ersten deutschen Freunde und Verwandten zu Besuch kamen, um das neue Baby zu sehen, und sie in Gegenwart des Kindes sowohl Englisch als auch Deutsch sprechen musste. Sie unterhielt sich auch im Park und auf Spielplätzen mit anderen Müttern und Kindern auf Deutsch und wechselte nicht immer ins Englische, wenn sie nur zu ihrer Tochter sprach. Ihr war außerdem von Anfang an ziemlich klar, dass ihre Kinder viel mehr Deutsch als Englisch hören würden. Sie sah voraus, dass sobald die Kinder bemerken würden, dass ihre Mutter fließend Deutsch spricht, sie zumindest am Anfang wahrscheinlich den einfacheren Weg wählen würden und ihr nur auf Deutsch antworten würden. Wenn sie dann noch in Anwesenheit von Deutschen, die kein Englisch konnten, darauf bestanden hätte, Englisch mit den Töchtern zu sprechen, wären nicht nur diese, sondern auch sie selbst von der Unterhaltung mit anderen ausgeschlossen. Generell galt für diese Eltern: Wenn sie sich entscheiden mussten, ob ihre Kinder lieber eine Sprache (in diesem Fall fließend Englisch) lernen, oder ob sie lieber die Möglichkeit haben sollten, in einer glücklichen und harmonischen Umgebung aufzuwachsen, so sollte die Entscheidung immer zu Gunsten von Glück und Harmonie ausfallen.

Praktische Aspekte zu Gunsten der allgemeinen Zufriedenheit waren in dieser Familie also etwas wichtiger als das Erlernen von Sprachen. Sie entschied sich zum Beispiel deshalb gelegentlich für einen Strandurlaub im Süden anstatt für eine Reise nach Großbritannien. Auch ihre Freunde suchte sich das Paar auf Grund von Gemeinsamkeiten aus und nicht, weil sie Englisch-Muttersprachler waren. Die Kinder schickten sie auf eine Schule in der Nachbarschaft und nicht in die Kennedy-Schule, die sich weit weg von ihrer Wohnung befand; dies aber nicht nur wegen der Entfernung, sondern auch wegen anderer praktischer Vorteile, die eine nahe gelegene Schule nun einmal zu bieten hat. Kurzum: Oft wurde anderen Faktoren größere Bedeutung beigemessen als der Zweisprachigkeit. Die Mutter wollte einfach nicht, dass aus der Kindheit ihrer Töchter „ein fortwährender Sprachunterricht" wird. Und sie fand es wichtig für sie, die Sprache ihrer Umgebung richtig gut zu beherrschen, diejenige Sprache, die außerhalb der eigenen vier Wände von allen verstanden wurde.

Die Frage des Zwangs

Alle befragten Eltern gaben an, dass sie ihre Kinder niemals dazu gezwungen hätten, die Minoritätssprache zu sprechen. Es wurde zum Beispiel keinem Kind ein Glas Orangensaft verwehrt, nur weil es nicht in der in dem Augenblick als richtig angesehenen Sprache danach gefragt hatte. Eine englische Mutter aber gab zu, dass es für sie eine schwierige Zeit gewesen war, als ihre Kinder damit begonnen hatten, mit ihr auf Deutsch zu reden. Es sei ihr sehr wichtig, dass sie

Englisch mit ihr sprechen, sagte sie. Sie erwartete es geradezu von ihnen. In ihren Augen waren ihre Kinder nicht wirklich zweisprachig, wenn sie nicht Englisch mit ihr sprachen. Sie suchte mit ihrem Problem einen Kinderarzt auf und ihr wurde geraten, dass sie die Jungen einfach ignorieren solle, wenn sie Deutsch mit ihr sprachen, oder zumindest vortäuschen, dass sie sie nicht verstanden hatte. Ganz überzeugt war sie aber von diesem Vorschlag nicht. Stattdessen entschied sie sich dafür, ihre Kinder, wenn sie Deutsch sprachen, anzublicken und mit einem leichten Heben der Augenbrauen „Pardon?" (wie bitte?) zu sagen. Nach einiger Zeit hatte diese Taktik in den meisten Unterhaltungen anscheinend den gewünschten Effekt.

Die englische Mutter, die nicht mit einem Deutschen, sondern mit einem Engländer verheiratet war, erzählte mir von einer Situation, in der sie auf ihren Sohn einen gewissen Druck ausgeübt hatte, um ihn dazu zu bringen, mehr Englisch zu sprechen. Er war damals etwa viereinhalb Jahre alt und sprach beide Sprachen mehr oder weniger fließend, obwohl er zu Hause und überall, wo er mit seinen Eltern alleine war, nur Englisch sprach. Als er in die Schule kam, begann er Deutsch zu sprechen, und zwar nur noch Deutsch. In dieser Zeit nahm ihn seine Mutter einmal beiseite, um, wie sie es beschrieb, ein ernstes Wort mit ihm zu reden. Sie erklärte ihm, dass ihre ganze Familie englisch sei und dass er immer in der Lage sein müsse mit ihr und mit allen anderen Menschen, die sie in England kannten, Englisch zu sprechen. Wenn er zu Hause kein Englisch spreche, könne er es vielleicht vergessen und sich mit seinen Cousins und Freunden in Großbritannien nicht mehr unterhalten. Dies gab den Ausschlag. Es gelang ihr, ihm klar zu machen, dass es für seine Zukunft wichtig war, weiterhin Englisch zu sprechen. Offensichtlich war er ein aufgeweckter Junge. Er schien verstanden zu haben, denn von diesem Moment an sprach er zu Hause wieder Englisch.

Das waren die einzigen zwei Familien in der gesamten Gruppe, die einräumten, größere Anstrengungen unternommen zu haben, um ihre Kinder zum Gebrauch der englischen Sprache zu überreden. Andere sagten gelegentlich Sätze wie „Sag' es auf Englisch", beharrten aber nicht darauf, wenn das Kind nicht darauf einging. Es gab aber einen Vater, der darüber klagte, dass seine Frau nicht genug Anstrengungen unternommen hatte, ihre Kinder zum Englischsprechen zu ermutigen. Es war auch die einzige Familie, in der die beiden Eltern in wesentlichen Punkten unterschiedlicher Meinung waren. Er kritisierte ihre Erziehung und verglich sie mit dem positiven Beispiel seiner eigenen australischen Mutter, die zu bestimmten Tageszeiten oder Wochentagen etwas Zeit für das Sprechen oder Üben der englischen Sprache reserviert hatte, obwohl sie gar keine zweisprachige Erziehung anstrebte. Seine Mutter hatte darauf bestanden und ihren Kindern auch klar gemacht, dass das Erlernen des Englischen wichtig für sie sei. Obwohl es ihnen nicht immer Spaß gemacht hatte, ihre Freizeit mit dem Vorlesen von Klassikern der englischen Kinderliteratur zu verbringen, hatten sie als Kinder eingesehen, dass es notwendig war. Als erwachsener Mann war der Vater der Meinung, dass vieles in der Erziehung von Kindern, von aufs Töpfchen gehen bis zu Tischmanieren, immer ein gewisses Maß an Zwang oder zumindest die Ausübung von etwas Druck beinhalte. Kinder würden ständig dazu gezwungen, Dinge zu tun, die sie nicht tun möchten oder für die sie keine wirkliche Notwendigkeit sehen würden. Seiner Meinung nach sollten es Eltern ausnutzen, wenn ein Kind etwas haben möchte, um es dazu zu bringen, das zu tun, was die Eltern für richtig halten, das heißt, um ihren Willen durchzusetzen. Er ergänzte aber, dass einem Kind gleichzeitig immer erklärt werden müsse, warum von ihm ein bestimmtes Verhalten verlangt wird. Wird diese Taktik angewendet und konsequent durchgesetzt, solange das Kind noch sehr jung sei, so der Vater, werde das Kind dies akzeptieren und – was zum Beispiel die Sprache betrifft - die Gewohnheit entwickeln, mit bestimmten Menschen in einer bestimmten Sprache zu sprechen. Dieses Vorgehen geht etwas weiter als das, was ich „sanfte Entschlossenheit" nennen würde, die sich viele der befragten Eltern zu Eigen gemacht hatten. Seine Ehefrau wiederum war der Ansicht, dass diese Methode vielleicht bei einem von ihren Kindern gewirkt hätte, bei dem anderen aber ganz bestimmt nicht. Ihr Sohn, sagte sie, hätte auf die begehrten Dinge bestimmt lieber verzichtet, wenn man ihn gezwungen hätte, auf Englisch darum zu bitten. Außerdem merkte sie an, dass es heutzutage weder möglich noch wünschenswert sei, Kinder auf so autoritäre Art und Weise zu erziehen, wie es eine Generation früher noch üblich war.

Die Methode eines anderen Paares arbeitete ebenfalls mit einem gewissen Zwang, den sie aber, wie der Vater mir erklärte, ausschließlich auf sich selbst und nicht auf die Kinder ausgeübt hatten. Er meinte damit, dass es wesentlich für die Eltern sei, einen konkreten Aktionsplan und klar definierte Ziele zu haben und die gewählte Taktik konsequent, das heißt mit einem gewissen Zwang, durchzusetzen. In diesem Sinne hielt er Zwang für eventuell notwendig. Er hatte sich auf Zweisprachigkeit festgelegt und war von Anfang an entschlossen, seinen Kindern die englische Sprache nahe zu bringen, so wie er sie erfahren hatte. Er hatte sich bald daran gewöhnt, mit ihnen auf Englisch zu sprechen und es wurde für ihn die natürlichste Sache der Welt, obwohl es dafür keine Notwendigkeit gab, denn sein Deutsch war mehr oder weniger perfekt. Außerdem glaubte er, dass es für die Kinder extrem wichtig sei, den Gebrauch des Englischen im Gespräch mit den Eltern als etwas völlig Natürliches zu erfahren. (Er muss erfolgreich gewesen sein, denn er ist derjenige Vater, dessen Kinder protestierten und Englisch von ihm verlangten, wenn er im Eifer des Gefechts ins Deutsche wechselte). Es sei also wichtig, die Dinge nicht erzwingen zu wollen, indem man beispielsweise auf einer englischen Antwort besteht oder zu hohe Erwartungen an die Kinder stellt. Es schadet mehr als es nützt, meinte er, wenn man seine Enttäuschung darüber zeigt, dass sie am Anfang nicht viel von der Minoritätssprache zu lernen scheinen, oder wenn man überreagiert und dem Erlernen dieser Sprache zu viel Bedeutung beimisst. Kinder jeden Alters spüren die Spannungen, Sorgen oder zu hohen Erwartungen der Eltern und dies könne leicht jede Motivation zunichte machen. Der Vater, der auf amerikanischen und deutschen Universitäten Abschlüsse in Deutsch und Englisch erlangt und Erfahrungen als Englischlehrer und Lehrer an bilingualen Schulen gesammelt hatte, war völlig von den Vorteilen einer zweisprachigen Erziehung überzeugt. Er glaubte, dass alle Kinder, die konsequent und so früh wie möglich regelmäßigen Kontakt mit der Minoritätssprache haben, unabhängig von ihren Fähigkeiten in jedem Fall davon profitierten, auch wenn sie nicht alle im gleichen Maße zweisprachig werden und sogar auch, wenn sie die Minoritätssprache nicht fließend sprechen lernen. Zweisprachige Erziehung bringe nur Gutes, sagte er. Der so genannte Semilingualismus, bei dem keine der beiden Sprachen richtig gesprochen wird, könne nicht Folge eines geplanten, systematischen Kontakts mit zwei Sprachen sein, sondern hat seinen Ursprung vielmehr in anderen Problemen des Kindes, beispielsweise in irgendeiner anderen Verwirrung in seinem Leben. Das Erlernen mehrerer Sprachen, so insistierte er, führe niemals zu Frustration. Frustration oder Verwirrung seien das Ergebnis falschen „Lehrens" oder auf persönliche Probleme oder Probleme innerhalb der Familie zurückzuführen.

Die wichtigsten Punkte

Die befragten Familien wählten folgende Strategien:

1. Das Prinzip „eine Person-eine Sprache": die beliebteste Strategie, aber nicht immer einfach durchzusetzen. Möglicherweise hilft sie den Kindern dabei, die Systeme auseinander zu halten.

2. Die „Gebietsstrategie" ermöglicht es den Kindern im Allgemeinen, die Minoritätssprache öfter zu hören und zu sprechen. Sie ist aber nur dann eine Option, wenn sich beide Eltern in dieser Sprache wohl fühlen.

3. „Sukzessive Zweisprachigkeit": Kinder lernen die Minoritätssprache viel leichter, wenn sie in jungen Jahren nur diese und keine andere hören. Es könnte aber schwierig sein, die Majoritätssprache restlos auszuschließen. Wenn Kinder dann mit der sie umgebenden Gesellschaft in Kontakt treten, könnten sie am Anfang Schwierigkeiten haben.

4. Wird zuerst die Majoritätssprache eingeführt, ist es für Kinder wahrscheinlich schwieriger, zweisprachig zu werden.

5. Zufälliges Mischen und Sprechen von zwei Sprachen: Auch wenn die Sprachen zu Hause frei gemischt werden, kann ein hoher Grad an Zweisprachigkeit erreicht werden.

6. Die persönliche Einstellung der Eltern zu einer Strategie hat Auswirkungen auf den Erfolg.

7. Es scheint wichtig zu sein, eine Strategie auf natürliche Art und Weise, konsequent und ohne Zwang durchzusetzen. Mit positiver Einstellung und der richtigen Herangehensweise wird sich auch unter ungünstigen Bedingungen ein gewisser Erfolg einstellen.

Die Reihenfolge der Kinder in der Familie

Die Vorteile für das erste Kind

Bevor ich diese Studie durchführte, hatte ich oft gehört, dass es für das erste Kind in einer Familie am leichtesten sei, zweisprachig aufzuwachsen. Deshalb entschloss ich mich, in meinen Interviews einige Fragen zu diesem Thema zu stellen. Mehr als ein Drittel der befragten Paare sagte entweder, dass es ihrer Meinung nach für Erstgeborene allgemein leichter sei, zweisprachig zu werden, oder dass es bei ihrem eigenen ersten Kind auch tatsächlich so gewesen sei. Als Grund nannten sie, dass sich die äußeren Umstände der Erziehung des zweiten Kindes und der nachfolgenden Kinder deutlich von denen unterscheiden, unter denen das erste Kind aufwächst. Für Eltern, die das Prinzip „eine Person-eine Sprache", die „sukzessive Zweisprachigkeit" mit Englisch als erster Sprache oder die „Gebietsstrategie" wählen, würde es wahrscheinlich einfacher beim ersten Kind sein, diese Strategien ohne viele Störungen von außen durchzusetzen. Mehr als die Hälfte der Eltern, die diese Meinung vertraten, musste eingestehen, dass sie vom zweiten Kind ab Probleme damit gehabt hatten, sich an die von ihnen gewählte Methode zu halten. Andere sagten, dass es zwar sehr schwierig gewesen sei, sie aber dennoch durchgehalten hätten. Die Gesamtsituation war für sie nicht mehr so klar umrissen wie beim ersten Kind. Sehr oft wurde das zweite Kind zu einem Zeitpunkt geboren oder begann zu sprechen, als das erste in der deutschen Sprache bereits sehr kompetent war oder schon den Kindergarten oder die Schule besuchte. Das bedeutete normalerweise, dass das erste Kind diese Sprache auch verwendete, außerhalb und auch im Gespräch mit seinen jüngeren Geschwistern.

Wiederholt berichteten Mütter und Väter, dass ihre Ältesten oft deutsche Freunde nach Hause eingeladen hatten, was für die englischsprachigen Eltern bedeutet hatte, dass sie dann zumindest teilweise zu Hause Deutsch sprechen mussten. Jüngere Kinder lernten diese Sprache dadurch zwar schneller, waren aber öfter mit Situationen konfrontiert gewesen, in denen sie möglicherweise nicht recht wussten, welche Sprache sie nun sprechen sollten. Da die deutsche Sprache in den meisten Fällen nach und nach immer stärker in den engsten Familienzirkel eingedrungen war, kam es zwangsläufig dazu, dass die zweiten Kinder, und besonders die noch später folgenden in ihren ersten Jahren öfter Deutsch und seltener Englisch hörten als die ersten Kinder. Außerdem hatten Erstgeborene den Vorteil gehabt, für einige Zeit nicht zu wissen, ob ihr englischsprachiger Elternteil Deutsch verstand und sprach, oder sie hatten in einigen Fällen auch festgestellt, dass dies nicht der Fall war. Das Wissen, dass der Sprecher der Minoritätssprache auch die andere Sprache beherrscht oder zumindest versteht, hat oft den Effekt, dass das Kind keine Motivation mehr verspürt, die Minoritätssprache zu sprechen. Alle Eltern, die der Meinung waren, dass ihr Erstgeborenes weniger Schwierigkeiten beim Erlernen von zwei Sprachen gehabt habe, erwähnten auch, dass ihre späteren Kinder anfangs sehr wenig Englisch gesprochen hätten.

Einige der Eltern, die der Meinung waren, dass es für Erstgeborene generell leichter sei gleichzeitig zwei Sprachen zu lernen, erzählten, dass dies daran gelegen habe, dass das englischsprachige Familienmitglied zu der Zeit, als das erste Kind geboren wurde, nur wenig oder gar kein Deutsch beherrschte. Andere haben angemerkt, dass dies häufig der Fall ist, weil bei den gemischtsprachigen Paaren ein Partner oft ohne längere Vorbereitung in eine vollkommen andere sprachliche Umgebung gezogen ist und dort eine ganz neue Sprache lernen muss.

Die Vorteile für das zweite Kind

Es gab aber auch Eltern, die aus verschiedenen Gründen der Ansicht waren, dass es für das zweite Kind einfacher sei, zweisprachig aufzuwachsen. Einige nannten ihre eigenen Kinder als Beispiel. Eine Mutter berichtete zum Beispiel, dass es ihr nach über zehn Jahren in einer mehr oder weniger ausschließlich deutschsprachigen Umgebung sehr schwer gefallen sei, wieder ins Englische zu wechseln, als sie relativ spät ihr erstes Kind bekam. Als dann ein zweites Kind hinzukam, hatte sie es aber geschafft, ihre anfängliche Unsicherheit abzulegen, sie war wieder „drin" und hatte sich erneut daran gewöhnt, Englisch zu sprechen.

Eine andere Mutter sagte, das Sprechen einer bestimmten Sprache mit einer bestimmten Person sei erst nach der Geburt ihres zweiten Kindes zur Gewohnheit geworden. Sie meinte, dass es auch deshalb für sie einfacher gewesen sei, weil sie die bei dem Erstgeborenen durchlebten Ängste und Sorgen in der Zwischenzeit abgelegt hatte. Da beim älteren Kind alles recht gut funktioniert hatte und durch das Erlernen von zwei Sprachen offensichtlich weder Verwirrung noch sonst irgendwelche Schäden aufgetreten waren, habe sie sich beim zweiten Kind sicherer gefühlt. Andere Eltern äußerten ähnliche Gefühle. Einige glaubten, dass es viele Entwicklungsstufen gibt, die für ein nachfolgendes Kind oft einfacher sind, weil ältere Geschwister als Leit- oder Vorbild dienen. Das gilt ihrer Meinung nach auch für das Erlernen von Sprachen.

Familien mit vier oder mehr Kindern

Eine größere Anzahl unter den befragten Familien hatte vier oder mehr Kinder. Einige dieser Eltern berichteten, dass die Reihenfolge der Kinder anscheinend keinerlei Einfluss auf den Grad ihrer jeweiligen Zweisprachigkeit gehabt hatte. Als Grund nannten manche, dass sie sich sehr große Mühe gegeben hätten um sicherzustellen, dass ihre jüngeren Kinder oft genug Englisch hörten. Eine fünffache Mutter sagte, dass sie „mit den jüngeren Kindern sehr hart gearbeitet" hatte, dennoch hatte ihr drittes Kind große Schwierigkeiten beim Lernen. Ihr viertes Kind dagegen beschrieb sie als „sehr sprachbegabtes Mädchen". Sie war davon überzeugt, dass angeborene Sprachbegabung in hohem Maße für die Unterschiede zwischen den sprachlichen Fähigkeiten ihrer Kinder verantwortlich sei.

Andererseits berichteten andere Eltern mit mehreren Kindern, dass die Reihenfolge der Kinder anscheinend sehr wohl Auswirkungen auf den Erfolg ihrer Bemühungen um Zweisprachigkeit gehabt hätte. Einige räumten ein, dass die Jüngeren weit weniger oder generell sehr wenig Englisch zu hören bekommen hatten. Eine Mutter erzählte, dass sie und ihr Mann sich beim ersten Kind viel mehr darauf konzentriert und sich viel mehr Mühe gegeben hätten als bei den nachfolgenden. Zu diesem Zeitpunkt sei das Thema Sprache ein wichtiger

Aspekt in ihren Leben gewesen. Sie hatte anschließend in relativ schneller Folge drei weitere Kinder bekommen und es habe dann so viel Arbeit gegeben, dass das Paar wenig Zeit fand, um ihren Kindern etwas vorzulesen oder sich intensiv um jedes Kind einzeln kümmern zu können. Außerdem waren in dieser sowie in einer weiteren Familie Eheprobleme teilweise mit dafür verantwortlich, dass die jüngeren Kinder nicht so gut Englisch gelernt hatten. Dieses Thema wird in Kapitel 10, in dem es um die Probleme der zweisprachigen Erziehung von Kindern geht, eingehender besprochen.

Interessant ist hier schließlich noch der Fall von zwei schottischen Schwestern, die beide einen deutschen Mann geheiratet hatten. Beide waren auch fünffache Mütter. Sie lebten nicht weit voneinander im selben Stadtbezirk und konnten sich deshalb regelmäßig besuchen. Ich hätte gedacht und äußerte diese Gedanken gegenüber der einen Schwester, die ich interviewte, dass durch die relativ große Zahl von Familienmitgliedern die Situation für die zweisprachige Erziehung von Kindern besonders günstig gewesen war, auch wenn die Väter nicht viel Englisch sprachen. Zehn Kinder, die zusammen Englisch lernen, hätten zur Bildung einer Art „linguistischem Bollwerk" führen können, das dem „Einfluss" der deutschen Sprache hätte widerstehen können. Doch anscheinend war dies nicht der Fall gewesen und alle fünf Kinder der von mir befragten Mutter hatten beträchtliche Schwierigkeiten beim Erlernen des Englischen gehabt. Sie wurden als Teenager oder später in englischsprachige Länder geschickt, auch damit sie das aufholen konnten, was sie zu Hause nicht zu lernen geschafft hatten.

Familien mit großen Altersunterschieden zwischen den Kindern

In einigen wenigen Familien gab es Altersunterschiede von sieben oder mehr Jahren zwischen dem ersten und dem nächsten Kind oder den anderen Kindern. All diese Eltern berichteten, dass sich die jeweiligen äußeren Umstände in der Zwischenzeit beträchtlich geändert und sie bei ihren Versuchen, ihre jüngeren Kinder zweisprachig zu erziehen, vor einer ganz neuen Situation gestanden hatten. In einer Familie hatten sich die Bedingungen wesentlich verbessert, doch bei anderen war das Gegenteil der Fall. Ein Paar hatte ihr erstes Kind erfolgreich nach der Methode „eine Person–eine Sprache" aufgezogen, wobei die Tatsache, dass die Mutter wenig Deutsch konnte, als es zur Welt kam, sehr hilfreich gewesen war. Als neun Jahre später ihre Tochter geboren wurde, besuchte ihr erstgeborener Sohn bereits eine zweisprachige Schule und beherrschte beide Sprachen fließend. Zu dieser Zeit spielte das Deutsche eine wichtigere Rolle in ihrem Leben, besonders die Mutter sprach es immer öfter, da es für sie nicht mehr so notwendig war, mit ihrem Sohn ausschließlich Englisch zu sprechen. Während ihrer zweiten Schwangerschaft gewöhnte sie sich langsam wieder daran, zu Hause möglichst viel Englisch zu sprechen. Es war aber für sie sehr anstrengend und sie musste sich regelrecht dazu zwingen. Ihre Erfahrungen mit den Sprachproblemen einiger Kinder an der Schule ihres Sohnes hatten ihr jedoch gezeigt, wie wichtig dies war.

Spielt die Reihenfolge der Kinder eine Rolle beim Spracherwerb?

Es gab in der Gruppe zahlreiche Familien mit zwei Kindern, von denen viele berichteten, dass eines ihrer Kinder die zwei Sprachen problemlos gelernt und in beiden eine hohe Sprachkompetenz erlangt hatte, während das andere weit mehr Schwierigkeiten gehabt hatte, es ihm nur mit Mühe gelungen war oder es viel weniger Interesse oder Neigung gezeigt hatte. Und in allen Fällen hatte es nicht das gleiche Sprachniveau wie das andere Kind erreicht. Laut den Berichten der Eltern war es nur in fünf von dreizehn Fällen das ältere gewesen, das eine höhere Kompetenz erlangt hatte. All diese Familien schrieben die besseren Kenntnisse ihrer Jüngeren ihrer natürlichen Sprachbegabung, ihrem Charakter oder ihrer Persönlichkeit zu.

Gelegentlich wurde die Ansicht geäußert, dass Charakter und Persönlichkeit eines Kindes oder die emotionale Bindung zwischen dem Kind und dem englischsprachigen Elternteil eine viel wichtigere Rolle bei dem Erwerb von zwei Sprachen spielt als die Reihenfolge der Kinder. Und einige Eltern hatten festgestellt, dass dies in ihren eigenen Familien eben auch der Fall gewesen war. Die Bedeutung von Charakter und emotionalen Bindungen auf den Spracherwerb wird in Kapitel 8 behandelt.

Zusammenfassend zeigt diese Studie, dass in den meisten Fällen die

Reihenfolge der Kinder in der Familie nur wenig Einfluss auf ihre Chancen hat, zweisprachig zu werden. Gleichwohl gab es unter den befragten Eltern manche, die die Meinung vertraten, dass dieser Faktor beim Erlernen des Englischen eine Rolle gespielt haben könnte.

Die wichtigsten Punkte

1. Einige Eltern waren der Meinung, dass eine zweisprachige Erziehung beim ersten oder einzigen Kind leichter sei, da es bei der Durchsetzung einer Strategie weniger Störungen von außen gebe.

2. Andere glaubten jedoch aus verschieden Gründen, dass es leichter sei, ein zweites Kind zweisprachig zu erziehen.

3. Familien mit vier oder mehr Kindern hatten manchmal mehr Schwierigkeiten mit der zweisprachigen Erziehung der jüngeren als mit der der älteren Kinder, doch dies war nicht immer der Fall.

4. Es kann sein, dass Sprecher der Minoritätssprache eine sehr bewusste Anstrengung unternehmen müssen, um den Gebrauch ihrer Muttersprache wieder konsequent durchzuhalten, wenn sie sich daran gewöhnt haben, fast immer die Sprache des Landes zu sprechen.

5. Die meisten Eltern waren eher der Meinung, dass die Reihenfolge der Kinder nichts mit deren Fähigkeit, zweisprachig zu werden, zu tun haben könnte.

Einstellungen und Meinungen zu Sprache und Zweisprachigkeit

Mein Ziel war es nicht nur herauszufinden, wie die persönlichen Einstellungen der Menschen zu den Strategien die Art und Weise des Spracherwerbs beeinflusst, sondern auch, wie sich deren Einstellung zu Sprache im Allgemeinen und zu Zweisprachigkeit im Besonderen auf die Fähigkeit von Kindern auswirkt, eine Sprache zu lernen. Einstellungen und Meinungen sind von Mensch zu Mensch unterschiedlich, und ich nahm an, dass sie sich auch auf die individuelle Praxis auswirken und folglich vielleicht auch auf die Art und Weise, wie ein Kind eine Sprache lernt. Außer der Einstellung der Eltern berücksichtigte ich auch die ihrer Kinder, so wie sie mir von ihren Eltern berichtet wurde oder aber von den Kindern selbst, wenn diese bei den Befragungen anwesend waren. In den Fällen, in denen dies möglich war, habe ich versucht, diese Haltungen zu erklären und dabei verschiedene Punkte berücksichtigt. Dazu gehörten allgemeine in der Gesellschaft auftretende Einstellungen zur Zweisprachigkeit, ihr Einfluss auf zweisprachige Familien, außerdem die Beziehung zwischen Charakter und Einstellung zu Sprache sowie die Rolle, die emotionale Bindungen beim Spracherwerb spielen. In meinem Fragenkatalog gab es eigentlich keine direkte Frage zu den Einstellungen zu Sprache, aber einige, die darauf zielten, mehr über dieses Thema herauszufinden. Die unterschiedlichen Einstellungen werden auch im Kapitel 10 betrachtet, in dem unter anderem auf das Mischen von Sprachen eingegangen wird.

Zweisprachigkeit und positive Einstellungen gegenüber Sprache

Interesse für Sprache um ihrer selbst willen

Unter meinen Interviewpartnern waren viele, die beruflich mit Sprache zu tun hatten. Sie alle waren Lehrer oder Übersetzer, und ich setzte bei ihnen ein gewisses Sprachinteresse voraus. In der Gesamtgruppe befanden sich aber auch Eltern, die eine große Liebe zu ihrer Sprache bekundeten. Größtenteils englische Muttersprachler, waren sie sehr darauf bedacht, dass ihre Kinder zweisprachig werden und ihre, die elterliche Muttersprache lernen, nicht nur, um sie als Kommunikationsmittel zu nutzen, sondern auch, um ihre Schönheit schätzen und ihre Literatur genießen zu können. (Allerdings entsprang in einem Fall der Wunsch der Mutter, dass ihre Kinder Englisch sprechen mögen, offensichtlich zu einem gewissen Grad ihrer persönlichen Abneigung gegenüber der deutschen Sprache).

Einige Elternpaare hatten auf Grund ihrer eigenen Erfahrungen eine grundsätzlich positive Einstellung zu Zweisprachigkeit. Wie bereits erwähnt, gab es einen Vater, der selbst von einer zweisprachigen Erziehung profitiert hatte, und ein anderer hatte die englische Sprache durch seine Mutter gelernt. Ein weiterer Vater schilderte mir seine Kindheit nahe der deutsch-holländischen Grenze, wo viele Menschen zweisprachig sind. Er hatte als Kind oft seine Ferien in Holland verbracht. Dort lernte er, dass man sich als Kind ziemlich schnell eine andere Sprache aneignen kann, denn beim Spielen mit anderen Kindern hatte er eine Menge Holländisch gelernt. Bei der Befragung sagte er: „Du musstest es einfach sprechen, wenn du mit anderen Kindern spielen wolltest. Und welches Kind möchte nicht spielen?" Als er während dieser Ferien bemerkte, wie gut einige Menschen zwei Sprachen gleichzeitig beherrschten, und wie mühelos sie von einer zur anderen wechselten, war er sehr beeindruckt. So wie viele andere Eltern, die ähnlich dachten, betonte er, dass er Menschen, die mehr als eine Sprache beherrschen, schon immer bewundert habe. All diese Eltern betrachteten eine Sprache nicht nur als ein nützliches Werkzeug für die Kommunikation, sondern gleichzeitig, und für manche war dies vielleicht sogar bedeutsamer, als ein wertvolles Gut an sich sowie als persönliche Bereicherung für diejenigen, die sie beherrschen.

Wie die Erwachsenen zeigten auch mehrere Kinder große Wertschätzung für Sprache. Einige Eltern legten Wert darauf zu erwähnen, dass eines ihrer Kinder weit mehr Interesse an Sprachen gezeigt hatte als die Geschwister. Es gab Kinder, die einfach an dem Klang der Worte große Freude hatten oder bestimmte Ausdrücke, Wortspiele oder Redensarten faszinierend oder amüsant fanden.

Andere Gründe für ein Interesse an Zweisprachigkeit

Viele meiner Gesprächspartner waren aus anderen, spezifischeren und eher praktischen Erwägungen daran interessiert, dass ihre Kinder zweisprachig werden, und hatten deshalb ein gewisses Sprachinteresse entwickelt. Der häufigste Grund war der Wunsch, dass die Kinder in der Lage sein sollten, mit Verwandten oder Freunden aus dem englischsprachigen Heimatland oder mit Besuchern, die kein Deutsch verstanden, kommunizieren zu können. In diesem Zusammenhang berichteten einige Eltern, dass sie schon damit zufrieden wären, wenn ihre Kinder an einem eher einfachen Gespräch, zum Beispiel mit den Großeltern, teilnehmen konnten. Andere hingegen wünschten, dass sie zu einer etwas anspruchsvolleren Unterhaltung mit Verwandten in der Lage sein sollten. Es gab eine Mutter, die eine sehr entschiedene Haltung zu diesem Thema hatte. Sie fand, dass es für enge Verwandte wie die Großeltern „herzzerreißend" sein müsse, mit ihren eigenen Enkeln nicht mehr als eine sehr rudimentäre Unterhaltung führen zu können.

Viele dieser Familien wollten auf Grund der enormen internationalen Bedeutung der englischen Sprache, dass ihre Kinder beide Sprachen flüssig sprechen. Zahlreiche Familien sahen in ihrer sprachlichen Situation eine besonders gute Gelegenheit, die sie nicht verpassen wollten. Einige Teilnehmer betonten, dass Englisch außerhalb ihres eigenen persönlichen Kontextes tatsächlich die weit wichtigere und einflussreichere Sprache sei. Gute Englischkenntnisse ihrer Kinder sahen sie nicht nur als wichtig für die schulische oder gar universitäre Laufbahn an, sie waren sich auch der Tatsache bewusst, dass gutes Englisch deren Chancen auf eine interessante und gut bezahlte Stelle beträchtlich erhöhen würde. Einige Eltern begrüßten es auch, dass ihre Kinder dadurch in der Lage sein würden außerhalb deutschsprachiger Länder nach Arbeit suchen zu können. Dies galt auch für Fortbildungsmaßnahmen. Viele erkannten, dass Jugendlichen, die fließend Englisch sprechen, mehr Türen offen standen, zum Beispiel die der Colleges und Hochschulen, in denen Englisch die

Unterrichtssprache ist. Einer der Väter nannte es als sein Ziel, dass seine Kinder in der Lage sein sollten, in beiden Systemen normal leben und arbeiten zu können.

Laut den Berichten der Eltern entwickelten viele Kinder, die in jungen Jahren mehr oder weniger widerstrebend Englisch gelernt oder sich gleichgültig gezeigt hatten, eine weitaus positivere Haltung dazu, sobald sie sich der Vorteile bewusst wurden. Als Kinder hatten sie keine Notwendigkeit gesehen, Englisch zu sprechen und eher versucht, sich den Verhaltensregeln anzupassen, in denen manchmal ein starker Druck von ihren Altersgenossen ausging. Doch zu Beginn der Teenager-Zeit begannen sie oft zu verstehen, dass gute Englischkenntnisse durchaus ihre Vorteile haben, nicht nur, weil es ein Schulfach war, dass sie lernen und gut können mussten. es war außerdem eine gesellschaftlich sehr anerkannte Sprache und es schien in jedem Fall nützlich, sie zu beherrschen, vor allem, weil sie durch Medien, Werbung und Popkultur immer schneller in die deutsche Sprache eindrang. Sie stellten auch fest, dass Englisch die Sprache ist, die in weiten Teilen der Welt als Kommunikationsmittel üblich geworden ist. Eine bei der Befragung anwesende Jugendliche sagte, dass sie während eines Italien-Urlaubs ihre Englischkenntnisse wirklich zu schätzen gelernt habe, da sie dadurch auch mit Menschen Freundschaften schließen konnte, die kein Deutsch verstanden.

Die Vorteile, die ein englischsprachiger Elternteil bietet, wurden den Kindern sowohl in der Schule als auch außerhalb derselben sehr bewusst, besonders wenn sie das Alter für die Sekundarstufe erreichten. Mehrere Eltern sagten, dass die Englischkenntnisse ihrer Kinder ihnen nicht nur im Fach Englisch gute Noten bescherten, sondern ihnen auch beim Erlernen anderer Sprachen halfen, vor allem beim Lernen des lateinischen Wortschatzes. Ein bei der Befragung anwesender Junge sagte, dass er seine Zweisprachigkeit als ein „Geschenk" betrachtete, es sei ein Gut, für das er niemals hatte arbeiten müssen. Er war gerade von einem Sommerkurs in Frankreich zurückgekehrt, wo er große Schwierigkeiten damit gehabt hatte, Französisch zu lernen. Er konnte sich später kaum an etwas erinnern, obwohl er sehr motiviert gewesen war. Sein Englisch aber erschien ihm wie ein „lebenslanger Besitz", auch wenn er nicht immer regelmäßig davon Gebrauch machte.

Dies wird allen Mut machen, bei denen Englisch die Minoritätssprache ist. Doch es mag für diejenigen, die ihre Kinder in anderen Sprachen erziehen möchten, eher entmutigend klingen, vor allem, wenn es sich um Sprachen handelt, die ein vermeintlich niedriges Prestige besitzen oder die nicht sehr weit verbreitet sind. Wenn Sie aus Japan stammen, mit Ihrem schwedischen Partner in Stockholm leben und die Hoffnung hegen, Ihr Kind möge ebenso gut Japanisch wie Schwedisch lernen, wird das vielleicht nicht leicht sein. Doch heutzutage entwickelt sich die Welt mehr und mehr zu einem globalen Dorf und da Reisen ins Ausland immer günstiger und unkomplizierter werden, ist es in vielen Teilen der Erde viel einfacher geworden andere Menschen zu finden, die die gleiche Sprachen sprechen. Und das Internet bietet natürlich eine wunderbare Gelegenheit, all diese Möglichkeiten zu entdecken und mit anderen Menschen in Kontakt zu treten.

Kehren wir zu unserer Gruppe zurück. Viele Befragte sahen beim Erlernen von mehr als einer Sprache andere als die oben aufgeführten rein persönlichen und praktischen Vorteile. Sie lobten den Zugang zu einer anderen Kultur und Lebensart, den eine Sprache eröffnet. Für viele bedeutete Zweisprachigkeit die Möglichkeit, unterschiedliche Traditionen und andere ethnische Gruppen kennen zu lernen. Sie fanden, dass es für Kinder wichtig sei, über den Tellerrand ihrer eigenen Kultur hinauszublicken, um Verständnis und Toleranz gegenüber anderen Völkern und Lebensweisen zu entwickeln. Sprachen sahen sie als ein Mittel, um diese Ziele zu erreichen. Einige Eltern dachten außerdem, dass die Beherrschung von mehr als einer Sprache ganz allgemein positive Auswirkungen auf die Gesamtentwicklung eines Kindes habe, zum Beispiel ein höheres Selbstbewusstsein oder, wie eine Mutter sagte, „eine größere geistige Flexibilität".

Die meisten jungen Menschen, die ich in der ersten Studie befragt hatte, dachten ähnlich darüber und auch die bei diesen Interviews anwesenden Kinder teilten überwiegend den Enthusiasmus ihrer Eltern. Auch sie waren der Meinung, dass die Erfahrung der Zweisprachigkeit sehr wichtig für sie gewesen sei. Sie habe ihnen vor Augen geführt, dass es mehr als nur eine Kultur gibt, und sie dazu ermutigt, nationalistische Gesinnungen abzulehnen. Für einen der Jungen war dies wichtiger als viele von den Dingen, die er in der Schule gelernt hatte.

Einige Kinder mit einem amerikanischen Elternteil hatten eine sehr positive Einstellung zur englischen Sprache entwickelt, da sie nach Aussage ihrer Eltern eine positive Einstellung zu den Vereinigten Staaten hatten. Diese Eltern betonten, dass ihre Kinder Amerika meist im Rahmen des Sommerurlaubs erlebten. Sie wurden an interessante Orte geführt und im Allgemeinen von ihren Verwandten und Freunden unterhalten, sahen also nur die positive Seite des Landes. Oft waren sie von der ungezwungenen amerikanischen Lebensart beeindruckt und es gefiel ihnen, dass es in den USA im Vergleich zu Deutschland nicht ganz so steif zuging.

Ein Vater sagte von seinem Sohn, dass dieser sich den USA deshalb sehr nahe gefühlt und den Wunsch verspürt habe, sich mit der Sprache und Kultur des Landes zu identifizieren, weil er Schwierigkeiten damit gehabt habe, seine deutsche Hälfte zu akzeptieren. Dies lag wohl an dem, was die Familie die „dunkle Seite deutscher Geschichte" nannte. Die deutsche Mutter des Jungen konnte diese Reaktion verstehen. Sie sagte, dass es nach Auschwitz nicht einfach sei, sein eigenes Deutsch-Sein zu akzeptieren. Als Heranwachsender aber wurde dieser Junge mehr und mehr zu einem Befürworter Europas und wollte sich nicht mehr allzu sehr mit der Nationalität eines einzelnen Landes identifizieren. Die pro-amerikanische Haltung seiner frühen Jahre allerdings mag dazu beigetragen haben, dass er inzwischen beide Sprachen fließend spricht. Mehrere Kinder in dieser Studie identifizierten sich aus den unterschiedlichsten Gründen ebenfalls eher mit ihrem britischen oder amerikanischen als mit ihrem deutschen Hintergrund.

Andere Kinder genossen einfach die Tatsache, dass sie sich mit einem ausländischen Elternteil etwas von der „Masse" abheben konnten. Eine Mutter erzählte, dass ihre Söhne dies für etwas Besonderes hielten. Eine andere sagte, dass ihr Sohn aus der Tatsache, halb Schotte zu sein, ein gewisses Maß an Prestige für sich selbst gezogen hatte. Diese positiven Einstellungen gegenüber doppelter Nationalität haben mit Sicherheit eine Wirkung auf die Einstellung gegenüber Sprache.

Negative Einstellungen zu Zweisprachigkeit

Etwa ein Viertel der in dieser Studie befragten Eltern sprach über mögliche Gefahren oder Nachteile von Zweisprachigkeit. Diese Reaktion könnte eventuell dazu beigetragen haben, dass die Kinder in den meisten der Familien, um die es sich hier handelte, nicht in dem Maße zweisprachig geworden waren, wie sie vielleicht sonst hätten werden können. Die negativen Haltungen reichten von diffusen Ängsten vor möglichen Problemen über die konkrete Sorge, dass Kinder verwirrt oder psychisch geschädigt werden könnten, weil ihnen die Trennung der Sprachen Probleme bereitet, bis hin zu der Überzeugung, dass ein Kind die Sicherheit einer Muttersprache benötige, die es frei und fließend sprechen und schreiben kann.

Einige dieser Eltern dachten, dass ihre in Deutschland aufwachsenden Kinder ohnehin eher deutsch als britisch oder amerikanisch waren, wenn nicht gar völlig deutsch. Sie waren der Meinung, man müsse dies auch fördern, da die Kinder in einer deutschen Umgebung lebten und sich ihr anpassen mussten. Außerdem hätten einige Menschen in Deutschland keine besonders hohe Meinung von Ausländern, ganz egal woher sie kamen,. Eine Mutter erzählte mir, dass ihr Sohn in der Grundschule gehänselt wurde, weil sie Britin war. Die anderen Kinder hatten ihn „Teetrinker" genannt und sich über seine, wie sie es nannten, vornehmen englischen Manieren lustig gemacht. Sie war inzwischen der Meinung, dass ihre Kinder sich in Deutschland nicht mehr heimisch fühlen würden, wenn sie zu sehr der englischen Kultur ausgesetzt werden würden. Einige bei der Befragung anwesende Kinder betonten, dass sie sich sehr wohl als Deutsche fühlten, und sich deswegen natürlich sehr darüber ärgerten, wenn sie auf diese Weise gehänselt wurden.

Viele der Eltern, die zu Zweisprachigkeit eine nicht nur positive Einstellung besaßen, hatten außerdem ein feines Gespür dafür, dass der Gebrauch des Englischen in bestimmten Umgebungen ziemlich bald unnatürlich wirken könnte. Sie sagten, dass manchmal eine Art unangenehm zwanghafte Stimmung entstehe, wenn Englisch ohne wirkliche Notwendigkeit gesprochen wurde. Diese Eltern versicherten mir, dass auch die Kinder so denken würden und in solchen Situationen die Kooperation verweigerten, denn sie besäßen ein ausgeprägtes Gespür für die Künstlichkeit einer solchen Situation.

Eine andere Mutter gestand, dass sie und ihr Ehemann bei der zweisprachigen Erziehung ihrer Kinder sehr nachlässig und undiszipliniert gewesen waren. Für sie hatte das Thema Sprache keine hohe Priorität besessen und die Kinder hatten dies bemerkt. Sie fand es außerdem selbstsüchtig, wenn man Kindern eine zweite Sprache „aufzwang". Sie fand es nicht gut, dass Eltern ihren Kindern erlaubten, sich stundenlang minderwertige Fernsehprogramme anzusehen, nur weil sie auf Englisch ausgestrahlt wurden und wegen des zweifelhaften Nutzens, den sie bezüglich eines besseren Verständnisses der Sprache daraus ziehen könnten.

Es gab in der Gruppe auch zwei Familien, die nur kurze Zeit versucht hatten, ihre Kinder zweisprachig zu erziehen. Neben den oben ausgeführten Punkten nannten sie noch weitere Gründe für ihre damalige Entscheidung, damit aufzuhören. Sie waren davon überzeugt, dass ihr Kind (beide Paare hatten nur eins) für eine zweisprachige Erziehung ungeeignet war. Sie behaupteten, es sei nicht motiviert gewesen, hätte keinen Sinn darin gesehen Englisch zu sprechen und die ganze Sache nicht allzu ernst genommen. Eine der Mütter hatte es übrigens ihrem Sohn selbst überlassen, in dieser Angelegenheit zu entscheiden.

In drei anderen Familien hatte die Haltung der deutschen Partner zu Problemen beim Spracherwerb geführt. Ein Vater, der wenig Englisch konnte, erklärte im Interview, dass es für ihn sehr schwierig gewesen war, wenn sich seine Frau und seine Tochter zu Hause vor ihm auf Englisch unterhalten hatten. Er war sich sicher, dass er sich ausgegrenzt gefühlt und unter der Tatsache, nicht die gleiche gemeinsame Kommunikationsgrundlage zu haben, gelitten hatte. Es wäre für ihn wie eine Art „Geheimbund" gewesen, wenn sie auf Englisch miteinander gesprochen hatten. Er war zwar bereit einzuräumen, dass er in über zwanzig Jahren Ehe wahrscheinlich selbst ein gutes Stück Englisch hätte lernen können, aber er hatte nach wie vor seine Zweifel, ob sein Englisch jemals ausgereicht hätte, um das Sprachniveau zu erreichen, das er für den Austausch von Gedanken und Ideen, wie er in Familien oder ähnlich eng verbundenen Gruppen stattfindet, gebraucht hätte. Er glaubte, dass er die Einführung des Englischen als Spaltung der Familie empfunden hatte. Selbst in der aktuellen Situation gefiel es ihm nicht, wenn seine Frau britische Freunde einlud und die Konversation ins Englische wechselte. Er bedauerte, die Nuancen und Feinheiten der Sprache nicht zu beherrschen, die es ihm erlaubt hätten, auf dem gleichen Niveau wie die anderen an der Unterhaltung teilzunehmen. Während der Befragung erwies er sich als sehr kommunikativer und redegewandter Mensch, der nach eigenem Bekunden einen hohen Anspruch an Sprache hatte. Möglicherweise war dies ein Grund für seine Entscheidung gewesen, gar nicht erst die Anstrengung zu unternehmen, das Englische richtig zu lernen. Es hätte ihm vielleicht zu große Schwierigkeiten bereitet, eine Sprachbeherrschung zu erlangen, die ihn zufrieden gestellt hätte.

In der zweiten Familie berichtete der amerikanische Vater zweier Kinder, der seit vielen Jahren lediglich beruflichen Kontakt mit seiner Muttersprache gehabt hatte, dass seine Frau nichts dagegen gehabt hätte, wenn zu Hause Englisch gesprochen worden wäre, sie selbst aber für diese Sprache keinerlei Interesse zeigte und sich nicht weiter darauf einlassen wollte. Sie war in Ostdeutschland aufgewachsen, hatte in der Schule kaum Englisch gehabt und war nicht besonders darauf erpicht, es zu lernen. Auch ihm widerstrebte es, mit seiner Frau Englisch zu sprechen. Er meinte, die Art ihrer Beziehung hätte sich möglicherweise verändert, wenn sie plötzlich Englisch miteinander gesprochen hätten. Dies war die Familie, die sich deshalb für die Strategie der „sukzessiven Zweisprachigkeit", beginnend mit Deutsch, entschieden hatte. Zur Zeit der Befragung waren ihre Kinder neun beziehungsweise zwölf Jahre alt und besuchten beide seit einigen Jahren eine bilinguale Schule. Ihr Vater hatte damit begonnen, sie auf Englisch anzusprechen, und sie verstanden ihn und begannen ihrerseits, ihm auch auf Englisch zu antworten. Er sah voraus, dass seine Frau zunehmend aus den Unterhaltungen ausgegrenzt werden würde, da sie keine weiteren Fortschritte gemacht hatte und damals schon nicht in der Lage war, den Gesprächen der anderen Familienmitglieder zu folgen.

Ein eher etwas ungewöhnlicher Grund wurde von dem deutschen Vater der dritten Familie angegeben. Er berichtete, dass er ein großer Liebhaber der englischen Sprache und der englischsprachigen Literatur sei. Er hatte die Werke vieler großer britischer und amerikanischer Autoren im Original gelesen. Dennoch sprach er mit seiner amerikanischen Frau lieber auf Deutsch, weil er sich mit ihrem amerikanischen Akzent nie richtig anfreunden konnte. Es war aber nicht nur dieser Umstand, der in diesem Fall ausschlaggebend war. Zahlreiche andere Faktoren trugen ebenfalls dazu bei, dass das Kind nicht zweisprachig erzogen wurde.

Eine negative Haltung zu Zweisprachigkeit beruht oft auf Intoleranz und Vorurteilen, was uns zu jenem Paar dieser Gruppe zurückbringt, das die Zweisprachigkeit in gemischtsprachigen Familien strikt ablehnte. Wie die oben erwähnten Personen hatten beide Partner Angst vor den möglichen Gefahren und Nachteilen von Zweisprachigkeit und glaubten ebenfalls, dass ein Kind eine Muttersprache braucht, in der es sich zu Hause und durch das es sich einer lokalen Gemeinschaft zugehörig fühlt. Der Vater wiederholte mehrmals, dass ein Kind nur eine begrenzte Lernfähigkeit besitze und deshalb eine wirkliche Notwendigkeit vorhanden sein müsse, wenn Kinder zweisprachig werden sollen. Er stellte die Situation seiner Kinder der von den Kindern türkischer Einwanderer in Berlin gegenüber. Diese müssen für ältere Verwandte, die kein Deutsch sprechen, Behördengänge erledigen und als Übersetzer fungieren. Eine solche Notwendigkeit bestand für seine Kinder nicht. Jedes Familienmitglied sprach fließend Deutsch und war vollständig in die lokale Gemeinschaft integriert. Er bestand darauf, dass nur die Sprache der Umgebung „zählt". Zweisprachigkeit sei eine Möglichkeit, die einem Kind angeboten werden kann, die es aber vermutlich solange ablehnen wird, bis es eine logische Notwendigkeit dafür sieht, das heißt, bis es gezwungen ist, mit einer Person zu kommunizieren, die eine andere Sprache spricht und mit der eine Verständigung nur auf diese Weise möglich ist. Er vertrat die Meinung, dass ein verschlossenes Kind, dass kein Bedürfnis verspürt, seine Gedanken und Gefühle mitzuteilen, „generell wenig Gebrauch von Sprache machen wird". Dies mag Menschen, deren Kinder niemals aufhören zu erzählen, wenn sie nicht gerade essen oder schlafen, seltsam vorkommen. Aber anscheinend war dies bei seinem Sohn der Fall gewesen. Der Vater glaubte, zwei Sprachen zu lernen sei eine Fertigkeit wie jede andere auch, die von einigen Menschen erworben wird, von anderen aber, die weniger motiviert sind, eben nicht. Es sei nicht natürlich, nur deshalb zweisprachig zu werden, weil die Eltern es sind und diese wollen, dass man zweisprachig aufwächst. Er hielt es sogar für egozentrisch von den Eltern anzunehmen, sie könnten besonders viel Einfluss auf die Art und Weise nehmen, wie ihre Kinder aufwachsen. Was auch immer man unternehme, es würde kein Kind daran hindern, das zu werden, was es werden wolle und was ihm durch seine Veranlagung vorbestimmt sei. Er selbst sei das jüngste von sechs Geschwistern und auch in der ganzen weiteren Verwandtschaft der Einzige gewesen, der jemals ein Interesse für Fremdsprachen gezeigt hatte. Warum also, so seine Ansicht, solle ausgerechnet sein Kind unbedingt Englisch lernen wollen? Den Gedanken, dass man ein Kind in keiner Weise formen kann, fand er beruhigend:

„Das Wissen, dass ich für das Wesen meines Kindes nicht verantwortlich bin, ließ eine große Last von mir als Vater abfallen."

Seit seiner Tätigkeit als Lehrer an einer privaten Sprachenschule glaubte er außerdem, dass manche Menschen, auch wenn sie noch so enthusiastisch bei der Sache sind und viel Geld und Zeit zum Lernen aufwenden, niemals die grammatikalischen Feinheiten einer Fremdsprache erfassen werden, egal wie oft und auf welche Art sie ihnen beigebracht wird. Es wäre auch ungerecht, meinte er, wenn ein Lehrer von einem Schüler besonders gute Sprachkenntnisse erwarten würde, nur weil diese Sprache zufällig die Muttersprache eines seiner Eltern ist.

Was schließlich die Kinder von meinen Interviewpartnern betrifft, wurde vielen von ihren Eltern bescheinigt, eine positive Einstellung zum Englischen zu haben oder entwickelt zu haben. Einige aber hatten niemals Interesse für die Sprache gezeigt. Einer der Väter beschrieb seinen ersten Sohn als sprachinteressiert, ein begeisterter Bücherleser seit frühester Kindheit, seinen zweiten Sohn aber als jemanden, der Sprachen und Zweisprachigkeit gegenüber negativ eingestellt war und schon immer mehr Interesse für Sport und andere gemeinschaftliche Aktivitäten gezeigt hatte. Andere Familien erwähnten ähnliche Unterschiede bei den Vorlieben ihrer Kinder.

Wie Charakter und Einstellung zu Sprache zusammenhängen

Diese Untersuchung beschäftigte sich auch mit der Frage nach den möglichen Auswirkungen des Charakters des Kindes auf seine Einstellung zur Sprache. Es interessierte mich dabei herauszufinden, ob der Charakter die Bereitschaft oder das Vermögen eines Kindes zum Spracherwerb beeinflussen kann, entweder direkt oder durch eine Beeinflussung der Einstellung des Kindes zur Zweisprachigkeit. Ich fragte die Eltern, ob ihrer Meinung nach die Charaktereigenschaften ihrer Kinder Auswirkungen auf ihre Fähigkeit gehabt hatten, zweisprachig zu werden. Für manche Eltern war dies keine leichte Frage. Es hänge davon ab, meinten sie, was man unter Charakter versteht.

Ähnlich wie Zweisprachigkeit ist der Begriff Charakter schwer zu definieren und hat für unterschiedliche Menschen unterschiedliche Bedeutungen. Selbst für Experten, deren Arbeitsfelder dem Studium der menschlichen Persönlichkeit gewidmet sind, macht die große Zahl an Theorien über den Charakter nahezu unmöglich, eine Definition zu finden, der alle oder auch nur eine bestimmte Gruppe, wie zum Beispiel Psychologen, zustimmen würden. In Lehrbüchern findet man Definitionen, die unter Charaktereigenschaften relativ stabile und dauerhafte Merkmale verstehen, die Menschen unverwechselbar machen und es ermöglichen, sie zu vergleichen und voneinander zu unterscheiden. Das ist ziemlich ungenau und macht deutlich, dass wir uns auf sehr dünnem Eis bewegen, wenn wir die Frage des Einflusses von Charakter überhaupt behandeln wollen. Dennoch finde ich, dass es ein wesentlicher Aspekt ist.

Ich erklärte den Befragten den Begriff, wie ich ihn in diesem Kontext verstand, als eine Reihe persönlicher Merkmale, die den Wunsch oder die Bereitschaft eines Kindes beeinflussen könnten, eine Sprache zu lernen, und somit auch seine Einstellung zu dieser Sprache. Zu diesen Eigenschaften könnte man angeborene Gesprächigkeit, allgemeines Mitteilungsbedürfnis, Selbstvertrauen und eine gewisse Extrovertiertheit zählen, eben so wie eine natürliche Begabung für einen oder mehrere Aspekte des Spracherwerbs. Ich vermutete, dass es für kontaktfreudige oder gar extrovertierte Kinder, die gerne im Mittelpunkt stehen, vielleicht einfacher sein könnte, eine Sprache zu lernen, und erst recht, wenn sie keine Probleme damit haben, in gewisser Hinsicht anders als andere Kinder ihres Alters zu sein. Auch bei den Eltern ging ich davon aus, dass gewisse Eigenschaften wie Entschlossenheit und Selbstsicherheit ihnen die zweisprachige Erziehung eines Kindes erleichtern könnten.

Einige allgemeine Ansichten zur Rolle des Charakters

Etwas mehr als die Hälfte der von mir befragten Eltern war der Auffassung, dass der Charakter gewisse Auswirkungen auf den Spracherwerb oder auf die Art und Weise, wie ein Kind lernt und was es lernt, haben kann. Einer der Väter meinte, dass die Charaktere der Eltern im frühen Alter eines Kindes offensichtlich wichtiger seien, während mit zunehmendem Alter wahrscheinlich der eigene Charakter des Kindes beim Lernprozess eine größere Rolle spielt. Zahlreiche Eltern teilten die Meinung, dass sehr kontaktfreudige Kinder wahrscheinlich leichter Sprachen lernen als andere, vermutlich, weil sie öfter reden und das Bedürfnis haben, sich in der Sprache ihrer Umgebung zu verständigen. Wenn sie dagegen Hemmungen irgendwelcher Art zeigen, zum Beispiel Angst vor Fehlern, sind sie seltener bereit zu sprechen, üben also nicht so viel und lernen folglich weniger.

Viele meiner Gesprächspartner, die Erfahrung mit Kindern auf zweisprachigen Schulen hatten, waren ebenfalls der Meinung, dass der Charakter beim bilingualen Spracherwerb eine Rolle spielt. Eine Mutter sagte: „Sie müssen damit klar kommen, etwas anders zu sein als die anderen". Und ein Lehrer zweisprachiger Schüler betonte, dass

Kinder an Aktivitäten außerhalb des Klassenzimmers teilnehmen und kontaktfreudig sein müssen, um eine Sprache fließend zu beherrschen. Dies sei besonders dann wichtig, wenn sie die Minoritätssprache außerhalb der Schule selten hören oder sprechen. Und ein Lehrer derselben Schule bemerkte:

„Du musst schon eine recht starke Persönlichkeit sein, nicht unbedingt aufdringlich und laut, aber entschlossen, denn es ist anstrengend, sich in zwei Sprachen zu bewegen."

Selbstverständlich gilt das besonders für Kinder bilingualer Schulen, von denen erwartet wird, dass sie zweisprachig lesen und schreiben lernen.

Auch der bereits häufiger zitierte Vater, der zweisprachige Erziehung ablehnte, war davon überzeugt, dass der Charakter beim Spracherwerb und in besonderem Maße beim Erlernen von zwei Sprachen eine wesentliche Rolle spielt. Allerdings bewertete er die Situation insgesamt negativer. Kinder würden sich „entweder der Gesellschaft anpassen oder sich durch Anderssein aus ihr hervorheben wollen". Eine Fremdsprache zu erlernen sei oft „eine Übung, um Leute zu beeindrucken", und der Wunsch und die Begabung, eine zu lernen, sei eine angeborene Fähigkeit und keinesfalls das Ergebnis des Einflusses des sozialen Umfelds. Ein Kind mit geringer natürlicher Begabung würde folglich nur dann eine zweite Sprache lernen, wenn es dafür eine zwingende Notwendigkeit gäbe. Diese Sichtweise ist sicherlich außergewöhnlich und mag vielen sehr extrem erscheinen, illustriert aber die Meinungsvielfalt, die es zu diesem Thema gibt.

Ein anderer Vater, ebenfalls Lehrer, räumte ein, dass er keine praktische Erfahrung auf diesem Gebiet besäße. Er könnte sich aber durchaus vorstellen, dass ein stilles, weniger kommunikatives Kind ein starkes angeborenes Interesse an einer Sprache entwickeln und viel in dieser Sprache lesen könnte. Es könne folglich eine Sprache ebenso schnell, vielleicht sogar noch schneller und leichter lernen als ein gesprächigeres Kind. Diese Ansicht wurde durch die Worte einer Mutter gestützt, die ihre Tochter, die beide Sprachen gleich gut beherrschte, als „schüchternen Bücherwurm" bezeichnete.

Positive und negative Auswirkungen des Charakters

In ihren Berichten darüber, wie sie die zweisprachige Erziehung ihrer Kinder in Angriff genommen hatten, erklärten zwölf Elternpaare, dass sie von Anfang an recht entschlossen zu Werke gegangen waren. Einige beschrieben sich selbst als von Natur aus hartnäckig und stur. Die Entschlossenheit einer Mutter, nicht aufzuhören mit ihrem Sohn Englisch zu sprechen, wurde durch ihre intuitive Gewissheit verstärkt, die richtige Entscheidung getroffen zu haben, gerade dann, wenn Nachbarn und Bekannte Ablehnung bekundeten und Kritik äußerten. Einige hätten ihn wie „eine Art Ausgestoßenen" behandelt, meinte sie, weil er Englisch sprach. Auch andere Gesprächspartner erzählten, dass sie Warnungen von „Wichtigtuern" ignoriert hätten. Oft war es die Erkenntnis, dass ihre Kinder Englisch brauchen würden, um mit engen Verwandten zu kommunizieren, was ihnen die Kraft und Entschlossenheit gegeben hatte. Diese Eltern gehörten gewiss auch zu den Menschen, die sowieso keinen all zu starken Drang verspüren, sich den gesellschaftlichen Normen immer voll anzupassen. Die meisten unter ihnen störten sich nicht besonders daran, dass sie sich in gewisser Hinsicht von den Menschen in ihrer Umgebung unterschieden. Eine der deutschen Mütter erkannte in ihrer Situation sogar einen Vorteil. Wenn sie auf dem Spielplatz mit ihren Kindern Englisch sprach, wurde sie wohl für eine Amerikanerin gehalten und von anderen Müttern nicht weiter belästigt.

Die Mutter, die an einer Waldorfschule unterrichtete, war ebenfalls eine starke Persönlichkeit. Sie war sich ihrer Sache sicher und hatte keine Angst davor, ihre Ansichten zu vertreten und anderen Menschen ihre Gründe darzulegen. Als sie von anderen Lehrern, die die Zweisprachigkeit missbilligten, mit Kritik bombardiert wurde, geriet sie mehr und mehr in Rage, bis sie sich an einen ganz besonders penetrant wirkenden Kollegen mit der Bemerkung wandte:

„Herr W., haben sie jemals versucht, beim Stillen mit dem Säugling in einer fremden Sprache zu reden? Nun, ich kann Ihnen sagen, es funktioniert nicht!"

Nach dieser Bemerkung verbesserte sich die Situation erheblich und Herr W. ließ sie in Ruhe, obwohl im Lehrerzimmer das Thema Zweisprachigkeit nach wie vor kritisch gesehen wurde. Diese Mutter hatte dem Widerstand radikal getrotzt und sich nicht durch die Meinungen anderer Leute einschüchtern lassen. Doch in solchen Situationen muss man sehr selbstsicher sein. Nicht alle Menschen wären in der Lage gewesen, derartig starker Kritik so wirkungsvoll standzuhalten, oder ihre Ziele so entschlossen weiter zu verfolgen.

Ein Drittel der befragten Eltern hatte ein Kind oder mehrere Kinder, die sie als extrovertiert beschrieben. Während einige alle ihre Kinder als kontaktfreudig bezeichneten, beschrieben andere Eltern eines ihrer Kinder als deutlich introvertierter als dessen jeweiligen Geschwister. Einige dieser Eltern behaupteten, dass das offenere, kommunikativere und gesprächigere Kind einen höheren Grad an Zweisprachigkeit erreicht habe als seine Geschwister. Auch sie teilten die Ansicht, dass dies zumindest teilweise auf den Charakter zurückgeführt werden konnte.

Einige Eltern hatten schöne Beispiele für den Einfluss, den Charaktereigenschaften auf die Einstellung zur Sprache und zum Sprachenlernen haben können. Eine Mutter erzählte, wie sehr die Komplimente eines älteren Herrn, der im gleichen Zugabteil gegenüber saß, ihrer fünfjährigen Tochter geschmeichelt hatten. Er war offensichtlich fasziniert von der Tatsache, dass sie so klein war und schon zwei Sprachen beinahe fließend sprechen konnte. Das Kind genoss die Aufmerksamkeit, die ihm zuteil wurde und die Mutter fand, dass solche Begebenheiten ihre Tochter darin bestärkt hatten, ihr Englisch weiter zu üben.

In einem anderen Fall ging es um eine amerikanische Familie, die einige Monate in Berlin gelebt hatte. Niemand aus der vierköpfigen Familie konnte Deutsch, doch schon kurz nach ihrer Ankunft hatte die neunjährige Tochter, wohl in dem Bestreben schnell Freunde zu finden, den deutschen Satz „Haben Sie Kinder?" aufgeschnappt. Schon bald begann sie bei Leuten anzuklopfen und sie mit ihrem neu erworbenen deutschen Satz zu begrüßen. Sie fand sehr bald Freunde und lernte infolgedessen auch die deutsche Sprache. Eine zwanzigjährige Frau erwähnte auch, dass sie ein ähnlich starkes Bedürfnis hatte, mit anderen zu kommunizieren. Sie sagte:

„Ich meine, ich hasse es einfach, mich nicht verständlich machen zu können".

Sie sprach nicht nur fließend Englisch und Deutsch, sondern beherrschte noch zwei weitere europäische Sprachen recht gut.

An dieser Stelle schließlich muss die Geschichte eines Paares mit zwei Kindern erzählt werden. Eines der Kinder war extrem kontaktfreudig, das andere fast das genaue Gegenteil davon. Der Sohn, der ältere der beiden, wurde als schüchtern und zurückhaltend beschrieben. Die Tochter, die zwanzig Monate jünger war, versuchte die Aufmerksamkeit auf sich zu lenken und genoss es, im Rampenlicht zu stehen. Ein Vorfall, der sich während eines Urlaubes in Nordengland ereignete, als die Kinder ungefähr sieben und acht Jahre alt waren, verdeutlicht ihre unterschiedlichen Charaktere am besten. Die Kinder wurden für einen Tag auf eine nahe gelegene Grundschule geschickt, aber in unterschiedlichen Klassen untergebracht. Der Lehrer fragte die Tochter, ob sie denn den anderen Kindern nicht einige Sätze über das Leben in Deutschland erzählen möchte. Aus eigenem Antrieb stellte sie sich sofort vor die Klasse und hielt beinahe einen Vortrag zu dem Thema. Mit Hilfe der Schultafel erklärte sie unter anderem Unterschiede zwischen den beiden Sprachen, zum Beispiel, dass das Wort für Haus zwar gleich ausgesprochen, aber im Deutschen anders geschrieben wird! Im anderen Klassenzimmer saß unterdessen ihr Bruder in der letzten Reihe und sagte den ganzen Tag gar nichts. Keine zehn Pferde hätten ihn in diesem Alter dazu gebracht, vor der ganzen Klasse zu reden, sagte die Mutter. Derartige Unterschiede wären typisch für ihre Kinder. Ihre Tochter konnte verständlicherweise viel besser Englisch als ihr Bruder.

Neben Gesprächigkeit und dem Drang, zu kommunizieren oder Aufmerksamkeit zu erlangen, wurden auch weitere Eigenschaften als nützlich angesehen, um Kindern zu einer positiven Einstellung zur Minoritätssprache und zu deren schnellerem Erwerb zu verhelfen. Dazu gehören Konkurrenzfähigkeit und der Wille zum Wetteifern, Entschlossenheit und Selbstvertrauen (wie bereits bei den Eltern gesehen). Ein Kind sollte vor allem sich nicht davor scheuen, sich von anderen abzuheben. Ferner gehören allgemeine intellektuelle Fähigkeiten sowie ein gewisses spezifisches Sprachtalent dazu. Einige Eltern hatten entweder Kinder mit Lernschwierigkeiten beim Spracherwerb oder mit einem ganz besonderen Talent dazu. Beides schien ihre Einstellung und ihre Herangehensweise an das Lernen von Sprachen zu beeinflussen. Auf die Talentierten trifft sicherlich das alte Sprichwort zu, dass Erfolg zu weiterem Erfolg führt. Die Erfolgserlebnisse trugen vermutlich auch zur Freude an der Sprache bei. Ein Junge, bei dem Englisch während der Erziehung keine große Rolle gespielt hatte, wurde als Siebzehnjähriger für drei Monate auf eine englische Schule geschickt. Dank der Kombination von Ehrgeiz und allgemeinen intellektuellen Fähigkeiten konnte er in dieser Zeitspanne sein Englisch derart verbessern, dass er sehr gut in der Schule war und seine Noten in den meisten Fächern sogar besser als die seiner englischen Mitschüler waren.

Mehrere Paare beschrieben ihre Kinder als hervorragende Nachahmer. Diese Eigenschaft mag manchen dazu befähigen, eine andere

Sprache mit wenig ausländischem Akzent zu sprechen und beeindruckt andere Muttersprachler. Diese Art von Lob und Anerkennung wiederum beflügelt den Sprecher der Minoritätssprache.

Leider sind nicht alle Auswirkungen des Charakters auf den Spracherwerb positiv. Ein starker Drang, sich dem Land, in dem man gerade lebt, und seiner Sprache übereifrig anzupassen hilft einem Menschen natürlich nicht beim Erlernen der Minoritätssprache, und offensichtlich haben einige meiner Interviewpartner dieses Bedürfnis gehabt. Eine andere Sprache als die der Umgebung zu sprechen, wenn es nicht gerade unbedingt notwendig ist, fühle sich gekünstelt an, meinten einige. Andere fühlten sich deshalb unwohl dabei, weil sie in der Öffentlichkeit, wie zum Beispiel im Supermarkt oder in öffentlichen Verkehrsmitteln, die Aufmerksamkeit auf sich zogen, wenn sie eine andere Sprache verwendeten. Einer der Väter fasste die Gefühle vieler Eltern zusammen, als er anmerkte, dass er einfach „nicht als Ausländer auffallen wollte". Aus einer gewissen Sorge heraus war bei einigen Eltern das Bestreben erkennbar, dass ihre Kinder sich von ihren Altersgenossen nicht unterscheiden sollten. Sie bemerkten, dass Kinder untereinander oft grausam sein können und dass Gruppen den Einzelnen oft ausschließen oder ihn als Außenseiter behandeln, wenn sie „anders" sind. Auch unter den Deutsch-Muttersprachlern gab es einige Eltern, die sich wünschten, dass ihre Partner sich so schnell wie möglich der lokalen Gemeinschaft völlig anpassen sollten. Dies entsprang wohl, zumindest teilweise, einem grundsätzlichen Bedürfnis nach Anpassung.

Es gab aber auch ganz andere Situationen, in denen Charakter einen Einfluss auf Spracherwerb hatte. Ein Elternpaar sagte, dass sie von Natur aus sehr undisziplinierte Menschen waren und aus diesem Grund keinen großen Erfolg dabei gehabt hätten, ihre Kinder zweisprachig zu erziehen. Das Ergebnis einer eher laxen und nachlässigen Herangehensweise war, dass sie es nicht schafften, die selbst gesetzten Regeln konsequent einzuhalten. Letztendlich gaben sie den Versuch ganz und gar auf.

In einem anderen Fall war es ein ganz anderer Charakterzug, der bei einem Kind vielleicht ein höheres Maß an Zweisprachigkeit verhinderte. Eine Mutter, deren Wohnung, persönliches Aussehen und Lebensstil ein großes Bedürfnis nach Ordnung verrieten, erklärte, dass es ihr wichtig war, dass ihr Kind eine Sprache richtig lernt „anstatt ein bisschen von allem, teilweise die eine, teilweise die andere Sprache". Sie mochte es auch nicht, wenn Sprachen gemischt werden.

Diese Mutter hatte es anfangs nicht geschafft, ihren Sohn zweisprachig zu erziehen. Sie wollte Englisch dann wieder einführen, nachdem er erst einmal richtig Deutsch gelernt hatte, ließ diesen Gedanken später aber wieder fallen. Ihr augenscheinlicher Drang nach einem gut organisierten und ordentlichen Dasein vermittelte den Eindruck, dass sie mit der möglichen zeitweiligen Konfusion, die ihr Kind beim Erlernen von zwei Sprachen hätte erfahren können, wahrscheinlich nicht zurecht gekommen wäre.

In einem anderen Fall hätten die Ängste und Sorgen einer offensichtlich überfürsorglichen Mutter eine zweisprachige Erziehung beinahe verhindert, hätte sie ihre Bedenken nicht überwunden. Sie und ihr Ehemann hatten zu dem Thema den Rat mehrerer Experten eingeholt, um herauszufinden, welcher Meinung sie sich anschließen sollten. Glücklicherweise waren sie darin bestärkt worden, ihren Plan, das Verfahren „eine Person-eine Sprache" zu verwenden, weiter zu verfolgen. Das Beispiel dieser Frau zeigt uns, wie wichtig es für Eltern ist, einen guten Start zu haben und die Zuversicht zu besitzen, dass Zweisprachigkeit ihren Kindern nicht schaden wird.

Keiner meiner Interviewpartner in dieser Gruppe schien beim Thema Sprachgebrauch auf besonders autoritäre Weise vorgegangen zu sein. Es gab keine Berichte über Versagen oder teilweises Versagen, das man darauf hätte zurückführen können, dass Kinder sich auflehnten oder sich weigerten, Englisch zu sprechen, weil sie von ihren Eltern dazu gezwungen wurden. Unter den jungen Menschen aber, die ich befragte, gab es einen jungen Mann (der eigentlich dreisprachig war), der behauptete, sein Vater habe schon bis zu einem gewissen Grad Zwang angewendet. Er war sechs Jahre alt, als seine Familie die spanische Heimat verließ und nach Kalifornien zog. Dort lernte er sehr schnell Englisch und begann, es zu Hause mit den Geschwistern zu sprechen. Sein Vater weigerte sich, das hinzunehmen und bestand darauf, dass sie eine spanische Familie seien und deshalb untereinander immer Spanisch sprechen müssten. Als er zwölf war, zog die Familie nach Berlin. Auf der Kennedy-Schule lernte er Deutsch lesen und schreiben und dabei konnte er gleichzeitig sein Englisch weiter entwickeln. Zu Hause wurde nach wie vor nur Spanisch gesprochen. Rückblickend war der junge Mann eigentlich dankbar, denn er glaubte, dass sein Spanisch enorm gelitten hätte, wenn sein Vater nicht so streng gewesen wäre. Dies ist ein positives Beispiel für eine Methode, die normalerweise nicht effektiv oder wünschenswert ist.

Eine recht große Anzahl Kinder, so einige Eltern, sprachen generell nur ungern Englisch, vor allem in Anwesenheit ihrer deutschen Freunde. Es war ihnen peinlich und einigen war es sogar unangenehm, wenn sie vor ihren deutschen Freunden auf Englisch angesprochen wurden. Manchen waren deswegen in der Schule gehänselt worden, andere wollten einfach nicht „anders" sein. Eine Mutter erzählte, wie ihre Töchter in der Schule versuchten, ihre schottische Herkunft zu verheimlichen. Vor allem im Englischunterricht waren sie nicht sehr glücklich darüber, dass die Lehrer gelegentlich sagten, wie gut ihr Englisch im Vergleich zum Englisch der anderen Schüler sei. Ihre Mutter konnte nachvollziehen, dass die meisten Kinder etwas dagegen gehabt hatten, auf diese Art und Weise „hervorgehoben zu werden". Vor allem in der Pubertät wollten sie wie die anderen Mädchen sein, einfach eines von vielen und deshalb war es ihnen peinlich, wenn Lehrer dieses Thema ansprachen. Diese Mädchen hassten es offensichtlich, auch für nur kurze Zeit im Mittelpunkt zu stehen. Sie hatten auch Angst vor dem möglichen Vorwurf von ihren Freunden, dass sie damit prahlen würden, besser Englisch zu können als der Rest der Klasse.

Eine andere Mutter erzählte, dass ihre Tochter, als sie einen deutschen Kindergarten besuchte, tatsächlich das Gefühl vermittelt bekam, anders als andere Kinder zu sein. Sie sprach am Anfang sehr wenig Deutsch, aber vielleicht lag es auch daran, dass sie sehr dunkle Haare hatte und nicht typisch deutsch aussah. Damals war sie mit der Situation gut zurechtgekommen und sprach zu Hause weiterhin Englisch. Später hatte sie allerdings auch eine Phase, in der sie selber auf Menschen herabsah, die anders als die meisten sprachen oder aussahen. Eigentlich war sie sehr selbstsicher und konnte sich sehr gut durchsetzen. Von beiden Eltern war sie immer darin bestärkt worden, andere ethnische Gruppen zu respektieren und die Vorteile einer multikulturellen Gemeinschaft zu schätzen. Dieser Fall zeigt, dass sogar Kinder mit sehr starker Persönlichkeit in manchen Situationen nachgeben und sich den herrschenden Verhaltensweisen anpassen, wenn der gesellschaftliche Druck zu schwer auf ihnen lastet. Es zeigt auch, wie schwierig es bei dieser Form der Zweisprachigkeit für weniger selbstbewusste Kinder sein kann, die Minoritätssprache zu lernen.

Einige Eltern erzählten, dass nicht alle ihrer Kinder gleichermaßen selbstbewusst waren. Die Mutter der Mädchen, die sich schämten eine schottische, beziehungsweise eine nicht-deutsche Mutter zu haben, beschrieb eine ihrer drei Töchter als ein Mädchen, das immer schon von vornherein sagte, sie könne etwas nicht, ohne es überhaupt versucht zu haben. Die Mutter meinte, dass diese Haltung ihre Fähigkeit, Englisch zu sprechen, blockiert haben könnte. Das Kind glaubte nicht an seine Fähigkeiten und deshalb versuchte es vieles erst gar nicht. Die Eltern berichteten beide, dass ihre Tochter auch in anderen Bereichen so reagierte und generell eine negative Einstellung und ein Mangel an Selbstvertrauen zeigte.

Andere Befragte beschrieben ihre Kinder als sehr zurückhaltend, schüchtern oder sogar introvertiert. Der Vater, der Zweisprachigkeit komplett ablehnte, schilderte seinen Sohn als ein selbstgenügsames Kind, das nicht das Bedürfnis hatte, mit anderen zu kommunizieren. Als er ein kleiner Junge war, hatte sein Vater ihn für sechs Wochen in eine Kindertagesstätte des britischen Militärs gebracht. Der Junge verbrachte dort jeden Tag drei Stunden, aber weigerte sich konsequent, mit anderen Kindern zu sprechen oder an Gruppenaktivitäten teilzunehmen. Sein Vater, der ihn heimlich durch das Fenster beobachtete, bevor er zur Arbeit weiterfuhr, erzählte, dass der Junge entweder wie ein Wärter mit hinter dem Rücken verschränkten Händen herumlief und die anderen beobachtete oder alleine irgendwo herumsaß und wartete, bis er abgeholt und nach Hause gebracht wurde. In dieser ganzen Zeitspanne hatte er offensichtlich nicht ein Wort Englisch gelernt. Dieser Fall ist sicherlich eine Ausnahme. Es drängt sich spontan die Frage auf, warum die Kinderbetreuer nicht mehr taten, um dem Jungen zu helfen, oder ob er vielleicht doch mehr gelernt hatte als man erkennen konnte.

Laut den Angaben der Eltern gab es in der Gruppe eine beachtliche Anzahl an Kindern, deren Schwierigkeiten mit der Zweisprachigkeit darauf zurückzuführen war, dass sie schüchtern waren und mit anderen nicht so schnell ins Gespräch kamen.

Schließlich wurden von den Eltern noch weitere Charaktereigenschaften genannt, die ihrer Meinung nach möglicherweise dafür verantwortlich waren, dass es ihrem Kind so schwer fiel, Englisch zu lernen. Es waren zum Beispiel Faulheit, die Unfähigkeit, mehrere Dinge auf einmal zu tun, Angst vor Fehlern oder auch allgemeine Lernschwierigkeiten. (Ich erwähne Lernprobleme an dieser Stelle, obwohl sie, streng genommen, nicht zu den Charaktereigenschaften zählen.)

Emotionale Bindungen und Spracherwerb

Im Laufe der Befragungen wurde immer wieder die Bedeutung der emotionalen Beziehungen zwischen Eltern und Kind erwähnt und deren Einfluss auf den zweisprachigen Spracherwerb. Es wurden dabei verschiedene Arten der emotionalen Bindungen mit unterschiedlichen Wirkungen und Ergebnissen bei dem Erlernen der Sprachen beschrieben. Häufigster und offensichtlichster Effekt war, dass eine besonders enge Beziehung zwischen Eltern und Kind das Englischlernen wahrscheinlich einfacher macht als die gegenteilige Konstellation. Die Wirkung solch enger Beziehungen wurde in diesem Zusammenhang natürlich als positiv eingeschätzt.

In Familien mit je einem Mädchen und einem Jungen waren oft die Bande zwischen Mutter und Sohn, beziehungsweise Vater und Tochter, ganz besonders eng. Das Kind mit der engeren Beziehung zum englischsprachigen Elternteil hatte die Sprache oft leichter gelernt als die jeweiligen Geschwister. Hierfür wurde die emotionale Bindung als möglicher Grund gesehen.

Es gab auch andere enge Beziehungen, die nicht so geschlechtsspezifisch waren. Eine englische Mutter war der Meinung, dass ihre beiden Kinder, ein Junge und ein Mädchen, hinsichtlich ihrer Englischkenntnisse von ihrer engen Beziehung zu ihr profitiert hätten. Eine andere Mutter erzählte, dass sie einer ihrer Töchter näher stand als der anderen, vielleicht, weil sie eine ähnliche Mentalität und den gleichen Sinn für Humor hatten. Diese Tochter sprach auch besser Englisch als ihre Schwester. Selbstverständlich können diese Beobachtungen nichts beweisen, aber sie sind interessant und sollen deshalb nicht unerwähnt bleiben.

Es gab unter den Befragten einen zweisprachigen Vater, der dieses Phänomen sowohl aus der Sicht des Kindes als auch aus der des Vaters kannte. Er hatte selbst einen Sohn und drei Töchter, einen amerikanischen Vater und zwei Brüder, die fließend Englisch sprachen. Sein eigener Sohn war der englischen Sprache gegenüber sehr offen und sprach sie viel besser als seine drei jüngeren Schwestern. Beide Eltern schrieben dies teilweise dem Umstand zu, dass es die männlichen Familienmitglieder waren, die englischsprachig und gleichzeitig Vorbild für den Jungen waren. Er identifizierte sich sehr mit ihnen allen. Englisch wurde dadurch in gewisser Hinsicht zur Sprache der männlichen, Deutsch zur Sprache der weiblichen Familienmitglieder.

Auch hier schien das Geschlecht eine Rolle gespielt zu haben, aber auf eine andere Art und Weise.

In einem Fall schließlich wurde mir von Kindern berichtet, die ihre schottische Großmutter ganz besonders lieb hatten, weshalb sie alle motiviert waren, Englisch zu sprechen. Die Mutter ermunterte ihre drei älteren Töchter dazu, mit der jüngsten Englisch zu sprechen, da sie zu Hause sehr viel Deutsch hörte. Schließlich sollte auch sie Oma verstehen und mit ihr sprechen können. Und alle machten mit, da ihre Schwester ansonsten nicht in der Lage gewesen wäre, sich mit der Großmutter zu unterhalten. Auch andere Eltern erzählten von den Vorteilen enger Bindungen zu englischsprachigen Verwandten oder Freunden.

Andererseits gab es auch zwei Elternpaare, die bezüglich des Spracherwerbs auch negative Effekte von zu engen Bindungen bemerkt hatten. Eine Mutter erzählte, dass ihr Sohn, als er sehr klein war, seinen Vater geradezu „anbetete". Diese Fixierung hatte zur Folge, dass das Kind viel mehr Zeit mit dem deutschen Vater verbracht hatte und weniger mit der englischen Mutter. Es hatte seltener Englisch gehört und interessierte sich mehr für die deutsche Sprache. Auch in diesem Fall sprach der Junge nicht so gut Englisch wie seine Schwester. Der zweite Fall unterschied sich davon völlig. Ein weiblicher Teenager hing nach Aussage ihrer Mutter sehr an ihrem amerikanischen Vater. Ihre Englischkenntnisse waren trotzdem nicht sehr gut, weil die Familie es nicht geschafft hatte, erfolgreich das Verfahren „eine Person-eine Sprache" durchzuhalten. Das ärgerte das Mädchen, da sie ihrem Vater gefallen wollte. Sie hatte nichts dagegen, wenn er ihre Fehler verbesserte, aber sie war oft aufgebracht, wenn sie bemerkte, dass ihr Englisch nicht so gut war, wie er es gerne gehabt hätte.

Obwohl nicht alle Kinder von den möglichen Vorteilen einer besonders engen Beziehung zu englischsprachigen Menschen profitiert hatten, gab es andererseits keinen Fall, in dem der Spracherwerb eines Kindes auf Grund einer schwachen Eltern-Kind-Beziehung gelitten hätte. Zwei Paare dieser Gruppe aber kannten Familien, bei denen dies der Fall gewesen war. Eine Frau erzählte von einer Familie, in der das Kind sich geweigert hatte, die arabische Muttersprache des Vaters zu lernen, weil die Mutter die Sprache nicht mochte. Es wurde auch von Kindern berichtet, die sich weigerten, Englisch zu lernen, weil sie bei Eheproblemen ihrer Eltern Zeugen unschöner Szenen in dieser Sprache gewesen waren. In manchen Fällen sei die Sprache desjenigen verweigert worden, der von den Kindern für den Schuldigen gehalten wurde.

Schließlich kann aber auch eine gestörte Beziehung Vorteile für den Fremdspracherwerb haben, zum Beispiel dann, wenn der Sprecher der Majoritätssprache die Familie verlässt und es dadurch zu einer engeren Bindung zwischen den restlichen Familienmitgliedern und zum häufigeren Gebrauch der Minoritätssprache zu Hause kommt. Einige derartige Fälle wurden während der Befragungen berichtet.

Nur in Großfamilien hatten emotionale Beziehungen negative Auswirkungen, dies allerdings recht häufig. Oft halfen die deutschen Verwandten nicht dabei, Gelegenheiten zu schaffen, in denen die Kinder Englisch üben konnten. Allerdings waren dies aber eher Unterlassungssünden als die Folge von gestörten Beziehungen.

Der Einfluss der Gesellschaft auf den Spracherwerb

Etwa drei Viertel der von mir Befragten waren der Meinung, dass die meisten Menschen Zweisprachigkeit und Bikulturalismus insgesamt positiv sehen. Es wurde nur von einigen wenigen negativen Reaktionen berichtet. Dies stimmt überein mit dem Eindruck über Vorurteile in der Gesellschaft, die weiter oben besprochen wurde. Unbeteiligte Menschen sahen Zweisprachigkeit als eine große Chance für die Kinder, manche waren sogar neidisch. Die Eltern, die ich befragt habe, fanden, dass sich die Einstellung dazu in Berlin im Laufe der Jahre immer mehr verbessert hatte. Einige sagten, dass sie sich ohnehin in gleich gesinnten Kreisen bewegten, andere wiederum hatten beruflich mit Sprachen zu tun und folglich mit Menschen, die prinzipiell eine positive Meinung dazu haben. Manche Eltern merkten an, dass in den Neuen Bundesländern ein Anwachsen fremdenfeindlicher Stimmung spürbar sei, dass dies aber englischsprachige Menschen mit angelsächsischen Wurzeln selten betraf. „Wer hasst schon solche Leute?" fragte ein Vater. (Die Antwort auf diese Frage mag heute so lauten: es gibt Kreise in der Gesellschaft des ehemaligen Ostdeutschlands, in denen Rassismus auch vor weißen Angelsachsen keinen Halt macht. Außerdem haben die Amerikaner inzwischen in der Welt ein sehr schlechtes Image bekommen.) Für die Eltern in der Gruppe war deutsch-englische Zweisprachigkeit allerdings etwas Besonderes und vielleicht eine „günstige Kombination". Sprachkenntnisse von Kindern sind, wie bereits erwähnt, oft bewundert worden, was diese wiederum weiter motivierte. Ein bei der Befragung anwesender 23-jähriger hatte in der Nacht vor dem Interview den größten Teil seiner Zeit auf einer Party damit verbracht, zwischen Deutschen und Australiern zu dolmetschen. Alle waren verblüfft, wie fließend er beide Sprachen sprach und mit welcher Leichtigkeit er zwischen ihnen hin- und herwechselte.

Doch nicht alle Reaktionen der Allgemeinheit waren positiv. Kinder waren in der Schule gehänselt worden und zweisprachige Fähigkeiten wurden heruntergespielt, aus Angst vor Neid oder anderen Ressentiments bei den Mitschülern. (Dies mag an dem Wettbewerbssystem in den Schulen und an der Bedeutung des Englischen als Schulfach liegen.) Doch auch das Gegenteil wurde beobachtet. Ein Mädchen wurde kritisiert, weil ihr Englisch nicht so gut war. Lehrer wie Schüler hatten von ihr erwartet, dass sie fließend Englisch sprach, da ihre Mutter aus Schottland stammte.

Eine in Indien geborene britische Mutter erzählte mir, wie sehr ihr Sohn unter seiner dunklen Hautfarbe zu leiden hatte. Während er aufwuchs, sprach und lernte er mühelos Englisch und Deutsch. Doch die Situation änderte sich, als man begann, ihn wegen seines fremdartigen Aussehens für einen Türken zu halten. Seine Schwester erklärte, dass es für ihn ein schwerer Schlag gewesen sei, denn er war immer sehr pro-deutsch eingestellt gewesen. Er rebellierte gegen diese Diskriminierung, indem er seine deutsche Seite überbetonte. In passender Kleidung ging er zu einem Fußballspiel des Berliner Vereins Hertha BSC und saß dort zwischen den anderen Fans. Das war zweifellos recht mutig, aber leider war seine Reaktion auch die, dass er aufhörte, Englisch zu sprechen. Später begann er wieder damit, aber es dauerte einige Zeit, bis er wieder so fließend wie früher die englische Sprache beherrschte. Inzwischen ist er mit einer Mexikanerin verheiratet, die kein Wort Deutsch konnte, als sie sich zum ersten Mal begegneten. Dafür sprach sie ein bisschen Englisch, so dass er seine Sprachkenntnisse letztlich sehr gut nutzen konnte!

Verständlich ist es auch, dass ein zweisprachiges Kind nicht in einer englischen Umgebung Deutsch sprechen will, wenn es als Nazi beschimpft wird, weil es in Deutschland aufwächst. Dies widerfuhr einem jungen Mädchen, als sie in Großbritannien Urlaub machte. Das Ergebnis davon war, dass es sich weigerte, in England in der Öffentlichkeit Deutsch zu sprechen.

Beeinflusst die Einstellung der Eltern die ihrer Kinder?

Das ist eine schwierige Frage. Obwohl die Haltung der Kinder insgesamt die der Eltern widerzuspiegeln schien, wie zu vermuten war, gab es doch einige Ausnahmen, in denen es zwischen den Eltern, zwischen Eltern und Kindern und zwischen den Kindern einer Familie Unterschiede in der Einstellung zur Zweisprachigkeit gab. Wenn aber die Eltern Sprachen gegenüber konsequent positiv eingestellt waren, war die Haltung der Kinder nie negativ. Diese Kinder hatten im Englischen auch jeweils ein relativ hohes Sprachniveau erreicht, woran man erkennen kann, wie wichtig eine positive Einstellung ist.

Allgemeine Auswirkungen der Einstellung gegenüber Sprache auf die Sprachkenntnisse

Wenn Eltern sprachinteressiert waren und ihre Kinder zweisprachig erziehen wollten, verbrachten sie oftmals sehr viel Zeit damit, ihnen vorzulesen und sie mit angelsächsischer Kinderliteratur vertraut zu machen. In zwei Fällen wurde Kindern sogar aus der Bibel vorgelesen, wobei die jeweiligen Mütter anmerkten, dass dies nicht aus religiösen Gründen geschah, sondern damit sich ihre Kinder an die Sprache gewöhnen und ihre Schönheit schätzen lernen. Diese und andere Eltern waren sich dessen bewusst, dass das Verständnis des Englischen es ihren Kindern einmal erlauben würde, englischsprachige Bücher im Original zu lesen. Einige Eltern bemühten sich auch, ihren Kindern reichlich Gelegenheit zu bieten, um andere Fremdsprachen zu lernen.

Auf ähnliche Weise waren ihrerseits auch sprachinteressierte Kinder immer lernbegierig. Eine 21-jährige Tochter einer gemischtsprachigen Familie, die beide Sprachen fließend beherrschte, erzählte, wie sie sich wieder und wieder Videos von britischen TV-Serien angesehen hatte und jedes Mal zurückspulte, wenn sie etwas nicht verstanden hatte. Das machte sie so lange, bis sie endlich den gesamten Dialog erfasst hatte, umgangssprachliche und alle anderen Ausdrücke inbegriffen.

Es mag selbstverständlich erscheinen, dass die Einstellung sehr wichtig für die Art und Weise ist, wie ein Kind eine Sprache lernt. Wenn der Sprache hohe Priorität eingeräumt wird und Eltern sich ihrer Bedeutung bewusst sind, werden sie ihre Kinder darin bestärken, sie zu lernen. Wenn dies nicht der Fall ist, wird die Sprache vernachlässigt.

Ungefähr ein Drittel der befragten Eltern beschrieb sich selbst als sprachinteressiert. Sprache war ein wichtiger Punkt für sie. Alle ihre Kinder waren beim Erwerb des Englischen relativ erfolgreich gewesen, und alle Familien in dieser Subgruppe, mit Ausnahme von vier, hatten Kinder, die als „balanced bilinguals", (das heißt Kinder, die beide Sprachen gleich gut beherrschen,) eingestuft wurden. Es ist aber selbstverständlich, dass die Sprachkenntnisse manchmal von Kind zu Kind innerhalb einer Familie variierten Diese Ausnahmen und die Unterschiede innerhalb der Familien zeigen, dass es noch andere Faktoren geben muss, die bestimmen, wie gut ein Kind eine Minoritätssprache lernen wird.

Die wichtigsten Punkte

1. Haltungen, die einen positiven Effekt auf den bilingualen Spracherwerb hatten:
   Das Interesse der Eltern für Sprache und Literatur und der Wunsch, dass die Kinder dieses Interesse teilen sollten; eine allgemeine Wertschätzung der Zweisprachigkeit als Kommunikationsmittel (besonders mit Verwandten und Freunden), als persönliche Bereicherung und als Sprungbrett für bessere Möglichkeiten in Bildung und Beruf sowie als eine Möglichkeit, um andere Kulturen und Lebensstile kennen zu lernen.
   Kinder lernen sehr häufig, die oben erwähnten Aspekte als Vorteile der Zweisprachigkeit zu schätzen und kommen dadurch zu ähnlich positiven Einstellungen wie ihre Eltern. Generell sehen sie die Zweisprachigkeit als wertvolle Erfahrung, die außerdem Toleranz und Verständnis untereinander fördert.

2. Haltungen, die einen negativen Effekt hatten:
   Diverse Ängste, zum Beispiel, dass ein Kind unter den Einheimischen isoliert sein oder von Gegnern der Zweisprachigkeit zurückgewiesen werden könnte; die Annahme der Eltern, dass Zweisprachigkeit prinzipiell nicht gut sei oder dass manche Kinder dafür einfach nicht geeignet seien.

3. Die Hälfte der befragten Gruppe glaubte, dass der Charakter Einfluss auf den Spracherwerb hat. Selbstbewusstsein und Entschlossenheit wurden sowohl bei den Erwachsenen als auch bei den Kindern als wichtige Eigenschaften angesehen. Kontaktfreudige, gesprächige und konkurrenzfähige Kinder, die keine

Angst davor haben „anders" zu sein, haben einen Vorteil gegenüber denjenigen, die still, schüchtern oder unsicher sind.

4. Eine enge Beziehung zwischen Kindern und Sprechern der Minoritätssprache scheint positive Auswirkungen auf den doppelten Spracherwerb zu haben.

5. Eine positive Einstellung in der Gesellschaft kann Kinder motivieren, zweisprachig aufwachsen zu wollen. Entsprechend kann eine negative Haltung das Gegenteil bewirken.

6. Die Einstellung der Kinder zu Zweisprachigkeit kann innerhalb einer Familie variieren, ähnelt aber insgesamt der der Eltern.

7. Eine positive Einstellung zur Sprache geht oft mit einem hohen Grad an Zweisprachigkeit einher, während bei einer negativen Einstellung häufig keine zufrieden stellenden Ergebnisse erreicht werden.

Zugang zur Minoritätssprache

Unter den vielfältigen Aspekten der Zweisprachigkeit, mit denen sich diese Studie beschäftigt, stellt mangelnder Kontakt zur Minoritätssprache wahrscheinlich das größte Einzelproblem dar. Die meisten der befragten Eltern erkannten, dass ihre Kinder soviel Englisch wie möglich hören müssten, um die Sprache gut sprechen und verstehen zu können. Viele erkannten aber auch, dass das schwierig werden könnte. Ich fragte die Eltern, was sie unternommen hatten, um zu gewährleisten, dass ihre Kinder ausreichend oft Englisch hörten und es sprechen lernten. Mich interessierte herauszufinden, ob sich die ergriffenen Maßnahmen als effektiv erwiesen hatten. Außerdem wollte ich wissen, ob die englische Sprache eine geringere Rolle in ihrem Leben spielte, als die Kinder älter wurden.

Literatur und Medien

Fast alle in dieser Studie erfassten Kinder, sogar die, die mit sehr wenig Englisch aufgewachsen waren, wurden mit englischen Kinderreimen, Märchen oder ähnlichen Geschichten in die Sprache eingeführt. Meist wurden sie ihnen von den Eltern als Gute-Nacht-Geschichten in englischer Sprache vorgelesen. Einige der Erwachsenen verbrachten jeden Tag viele Stunden damit, ihren Kindern zum Beispiel die Klassiker der englischen oder amerikanischen Kinderliteratur vorzulesen. Einige entliehen Bücher aus Leihbüchereien oder abonnierten Zeitschriften, damit sie ihren Kindern regelmäßig vorlesen konnten. Andere legten Wert darauf, wenn möglich jedem Kind jeden Abend eine andere Geschichte vorzulesen.

Eines der Mädchen wollte manchmal ‚Pumuckel‘, eines ihrer Lieblingsgeschichten vorgelesen bekommen, bestand aber darauf, sie von ihrer englischen Mutter auf Englisch zu hören. So machte sich ihre Mutter die große Mühe, die Geschichte während des „Vorlesens" zu übersetzen. Als das Kind viele Jahre später davon erfuhr, sagte sie, dass sie sich oft gefragt hatte, warum ihre Mutter immer so lange brauchte, um die Geschichte vorzulesen. Diese kleine Anekdote zeigt, welche Mühen einige Eltern auf sich zu nehmen bereit waren, um ihren Kindern beim Erlernen des Englischen zu helfen.

An dieser Stelle sollte vielleicht erwähnt werden, dass das Englisch, dass all diese Kinder gehört und gelernt hatten, vielleicht mit Ausnahme derjenigen, die zweisprachige Schulen besucht hatten, zum größten Teil im Verlauf derartiger Interaktionen zwischen Kind und Erwachsenem erlernt wurde. Dies hatte zwangsläufig Einfluss darauf, was für ein Englisch die Kinder lernten. Es hatte zur Folge, dass sie mit dem Jargon und Ausdrücken ihrer englischen Altersgenossen nicht vertraut waren. Die Kinder bemerkten dies selbst, wenn sie sich im Urlaub mit ihren Cousins unterhielten. Einige Eltern wussten, dass es so war, hielten es bei dieser Form der Zweisprachigkeit aber für unvermeidlich. Einerseits hatten diese Kinder dadurch vielleicht einen etwas begrenzten Wortschatz, andererseits waren sie aber einer größeren Vielfalt ausgesetzt, weil sie mit mehreren Varianten Englisch zurechtkommen mussten. So hörten zum Beispiel einige von ihnen amerikanisches Englisch an der Berliner Kennedy-Schule und zu Hause das Englisch ihrer Eltern, die aus Nordengland oder Schottland stammten.

Fast alle Kinder in dieser Studie hatten außerdem zumindest etwas Erfahrung mit englischsprachigen Medien. Diejenigen, die zum Zeitpunkt des Interviews zwanzigjährig oder älter waren, hatten, als sie klein waren, nur die gelegentlichen Kinderprogramme des BBC World Services oder eine der Radiostationen der Alliierten Streitkräfte hören können. Ansonsten mussten sie sich mit Schallplatten oder Audio-Kassetten von Kinderreimen und -geschichten begnügen.

Doch viele der Jüngeren hatten den Vorteil, dass sie aus einer Vielzahl von Videos und mehreren englischsprachigen TV-Programmen wählen konnten. Manche Familien hatten ihre TV-Anlagen mit speziellen Geräten für den Empfang englischsprachiger Fernsehprogramme ausgerüstet, zum Beispiel für die, die von den alliierten Streitkräften gesendet wurden. Manche Kinder bemühten sich selbst, entsprechendes Material zu kaufen oder auszuleihen. Einige hatten genauso viel oder noch mehr Spaß daran, englische anstatt deutscher Bücher zu lesen. Auch Lieder und Spiele wurden eingesetzt, um Kindern beim Englischlernen zu helfen. In den heutigen Zeiten des Satelliten- und Kabelfernsehens sind die Möglichkeiten fast grenzenlos, da Programme in englischer Sprache aus der ganzen Welt empfangen werden können.

Besuche in und Besucher aus englischsprachigen Ländern

Mit Ausnahme von zwei Familien hatten alle, mit denen ich sprach, ihren Urlaub meist regelmäßig im Heimatland des angelsächsischen Elternteils und/oder in einem anderen englischsprachigen Land verbracht. Die meisten Familien empfingen auch Besuch von Verwandten aus ihrer Heimat. Manchmal wohnten die Großeltern für mehrere Monate bei den Familien, vor allem als die Kinder noch sehr klein waren. Ein Paar erzählte, dass es sich öfters einen Kurzurlaub erlauben konnte, weil die zwei kleinen Söhne in Berlin in der Obhut der englischen Mutter der Ehefrau bleiben konnten. Da diese englische Großmutter kein Deutsch sprach, übernahmen die beiden Jungen immer die Rolle des Betreuers, wenn sie zu Dritt das Haus verließen. Sie mussten dann als Übersetzer agieren. Das machte nicht nur Spaß, sondern hat bestimmt auch ihren Englischkenntnissen sehr geholfen.

Da das Reisen innerhalb Europas vergleichsweise preisgünstiger und bequemer ist, hatte es zwischen Berlin und Großbritannien verständlicherweise öfter gegenseitige Besuche gegeben als zwischen Berlin und Übersee.

Darüber hinaus hatte etwa ein Drittel der Kinder die Möglichkeit zu einem längeren Aufenthalt in einem englischsprachigen Land gehabt; diese Aufenthalte dauerten von drei Monaten bis zu mehreren Jahren. In drei Familien hatten die Kinder ihre Eltern begleitet, als diese aus beruflichen Gründen vorübergehend ins englischsprachige Ausland ziehen mussten. In anderen Fällen wurden die Kinder in englischsprachige Länder zur Schule geschickt, einige als noch junge Kinder für kurze Zeit, aber die meisten als Teenager für längere Aufenthalte. Einige Eltern mit jüngeren Kindern hatten die Absicht, dies ebenfalls zu tun, wenn ihre Kinder das entsprechende Alter erreicht hatten. Fünf Familien hatten Kinder, die Abschlüsse an britischen oder amerikanischen Universitäten erlangt hatten. Die Kinder all dieser Familien hatten gute bis sehr gute Englischkenntnisse gehabt, bevor sie die Universitäten besuchten. Nichtsdestotrotz zogen sie enormen Nutzen aus diesem zusätzlichen langen und intensiven Sprachkontakt.

Andere Quellen des Englischen

Außer den oben genannten Quellen gab es auch andere Personen und Organisationen, die den Kindern halfen, Englisch zu lernen. Wie bereits erwähnt hatten drei Familien englischsprachige Kindermädchen oder ähnliche Betreuerinnen eingestellt, die, zumindest zu Beginn ihres Aufenthaltes in Berlin, nur Englisch sprachen. Eine Mutter erzählte, dass ein britisches Au-pair-Mädchen, das kein Deutsch sprach, der Erziehung ihrer ältesten Tochter „zwei Jahre ihres Lebens gewidmet" habe. Eine andere Mutter hatte insgesamt acht Tagesmütter aus England gehabt, die ihr bei der Betreuung der Kinder halfen. Eine andere hatte über zehn Jahre lang britische Au-Pairs bzw. Kindermädchen beschäftigt.

Eine recht große Anzahl von Elternpaaren hatten ihre Kinder bis zu zwei Jahre lang in Kindertagesstätten oder Grundschulen, die den in Berlin stationierten Militäreinheiten angegliedert waren und die zeitweise auch Zivilisten offen standen. Andere hatten kleine, private Spielgruppen für ihre Kinder gegründet, in denen Englisch die Zielsprache war, obwohl diese nicht immer von den Kindern benutzt wurde, wenn sie sich miteinander unterhielten. Als die Zahl der Englisch-Muttersprachler in der Stadt wuchs, und Kontakte untereinander dank der Gründung spezieller Vereine und der Existenz ähnlicher Organisationen leichter zu knüpfen waren, wurden häufiger auch Nachbarschafts-Spielgruppen gegründet. Während die über 20-jährigen unter den Befragten seltener von diesen Initiativen profitiert hatten, hatten viele der Jüngeren verschiedene dieser Gruppen besucht.

Viele Eltern schätzten sich glücklich, in einer Stadt zu leben, in der man so vielfältigen Zugang zur englischen Sprache hat. Eines der größten Vorteile bot zweifellos damals die Kennedy-Schule, in der sowohl Deutsch als auch Englisch als Unterrichtssprache verwendet wird. Leider steht sie nicht immer all jenen offen, die ihre Dienste gut gebrauchen könnten, aber es werden im Normalfall die Kinder akzeptiert, die den recht strengen Sprachtest bestehen. Weitere Kinder erhalten über ein Losverfahren Zugang zur Schule. Einige der befragten Eltern hatten es versäumt, ihren Kindern Plätze an dieser Schule zu sichern. Insgesamt haben 47 Kinder aus 21 verschiedenen Familien aus dieser Studie die John-F.-Kennedy-Schule besucht, fast alle für die gesamte Dauer ihrer Schulzeit. Die meisten hatten den Sprachtest bestanden, aber einige haben über das Losverfahren einen Platz bekommen. Diejenigen Eltern, deren Erstgeborene aufgenommen wurden, bekamen automatisch einen garantierten Platz für jedes weitere Kind der Familie. Ein Vorteil im Vergleich zu anderen, privaten internationalen Schulen war nach Meinung vieler Eltern, dass die Kennedy-Schule gebührenfrei ist. Einige Eltern entschieden sich aber dafür, ihre Kinder nicht in die Kennedy-Schule zu schicken, entweder, weil der Schulweg so lang gewesen wäre, oder weil sie es für ihre Kinder wichtiger fanden, mit Freunden aus der Nachbarschaft deutsche Schulen in der Umgebung zu besuchen. Inzwischen hat sich in Berlin die Schullandschaft verändert. Heute gibt es zahlreiche Europa-Schulen, staatliche Grundschulen, die ihren Schülern zweisprachigen Unterricht in Deutsch und einer Fremdsprache anbieten, wobei mehrere Sprachen zur Auswahl stehen. Auch für die Sekundarstufe gibt es jetzt viele zweisprachige Schulen, sowohl staatlich als auch privat. Bei den meisten ist die Sprachkombination Deutsch und Englisch.

Vielleicht sollte ich an dieser Stelle einen entscheidenden Vorteil erwähnen, den die mit Englisch aufwachsenden Kinder gegenüber solchen haben, die mit anderen Sprachen groß werden. Sie profitierten nämlich davon, dass an den meisten deutschen Schulen Englisch die erste Fremdsprache ist, die die Schüler lernen. Alle Kinder in dieser Studie hatten in der Schule Englisch, die meisten von ihnen als erste Fremdsprache vom fünften Schuljahr ab, das heißt im Alter von neun oder zehn Jahren. Für viele war Schulenglisch außerordentlich langweilig und wurde als Zeitverschwendung angesehen. Wenn es angeboten wurde, wählten mehrere Eltern Französisch oder Latein als erste Fremdsprache für ihre Kinder. Aber für diejenigen Kinder, die zu Hause wenig Englisch gelernt hatten, bedeutete der Schulunterricht oft eine erhebliche Verbesserung ihrer Sprachkenntnisse. Der Englischunterricht in der Schule muss bei einigen von ihnen das Gefühl für die Wichtigkeit dieser Sprache verstärkt haben, was wiederum zu einer positiveren Einstellung ihr gegenüber geführt haben könnte.

Es gab auch andere Organisationen wie Klubs und Kirchen, die den Familien die Möglichkeit gaben, Englisch zu hören und zu sprechen. Viele schlossen sich solchen Einrichtungen an oder waren auf andere

Weise involviert. Diese Institutionen boten üblicherweise Aktivitäten für die ganze Familie an, die American Church zum Beispiel organisierte Projekte wie Bibel-Camps und hatte eine Pfadfinder-Abteilung. Diese Kirche wurde von vielen Eltern als wichtiger Treffpunkt für Mitglieder und als Zentrum zahlreicher Aktivitäten beschrieben.

Die Familien empfingen nicht nur sehr häufig Besuche von Personen, die Englisch als Muttersprache hatten, manche hatten auch einen großen englischsprachigen Freundeskreis in Berlin und manchmal sogar Verwandte, die sie regelmäßig trafen. Dies alles half dabei, mehr Englisch zu sprechen, und, besonders für die Kinder, auch zu hören. Hinzu kam als großer Vorteil, dass auch die deutschen Eltern in einer englischsprachigen Umgebung oft ins Englische wechselten.

Vorausplanen oder es einfach geschehen lassen

Manche Eltern sagten, dass es eine bewusste Entscheidung gewesen sei, ihren Kindern so oft wie möglich Zugang zum Englischen zu verschaffen, während andere angaben, alles dem Zufall überlassen zu haben. Letztere betonten, dass sie niemals geregelte Situationen geschaffen oder bewusste Anstrengungen unternommen hätten, um ihren Kindern englische Muttersprachler vorzustellen. Die meisten Reisen in die Heimat des Englisch sprechenden Elternteils wurden nicht in erster Linie aus sprachlichen Gründen unternommen. Einige Eltern waren sich in diesem Punkt uneinig. Manche gaben zu, dass sie während solcher Besuche darauf geachtet hatten, so viel Zeit wie möglich mit Freunden oder Verwandten zu verbringen, die gleichaltrige Kinder hatten, damit sich Freundschaften entwickeln konnten. Ein deutscher Vater bedauerte, dass seine Schwiegereltern sich nicht stärker dafür eingesetzt hatten, solche Treffen für seine Kinder zu organisieren und zu unterstützen. Er meinte, dass gut geplante und spannende Urlaube das Reisen nach England attraktiver gemacht hätten. Solche Fahrten hätten die Möglichkeit gegeben, die Sprache in einer englischen Umgebung öfter zu üben. Sein Sohn bestätigte, dass die Englandreisen oft eher langweilig für ihn gewesen waren, und er sagte, dass er niemals aus eigenem Antrieb dort hingefahren wäre.

Auch wenn der Zweck eines Urlaubs hauptsächlich darin bestanden haben mag, Freunde und Verwandte zu besuchen, war der Hauptgrund für die Wahl von Spielgruppen usw., die auf Englisch geführt wurden, und von Schulen in angelsächsischen Ländern zweifellos der Spracherwerb gewesen.

Einige Eltern gaben zu, ihre Kinder manipuliert zu haben, um sie öfter mit der englischen Sprache zu konfrontieren. Eine australische Mutter zum Beispiel erzählte, dass sie absichtlich keinen deutschen Lesestoff für ihre Kinder in den Urlaub nach Großbritannien mitnahm. So hatten die Kinder keine andere Wahl, als die englischen Bücher und Comics zu lesen, die ihnen gleich nach ihrer Ankunft in England gekauft wurden.

Änderung beim Gebrauch beider Sprachen beim Älterwerden der Kinder

Ich fragte die Eltern auch, ob es im Laufe der Jahre, vor allem zu Hause, einen Wandel im Gebrauch der Sprachen gegeben hatte. Ich nahm an, dass die Strategien, die im Kleinkindalter angewendet wurden, vielleicht aufgegeben worden waren, als die Eltern erst einmal sicher waren, dass ihre Kinder beide Sprachen mehr oder weniger fließend beherrschten. Ziel dieser Frage war es herauszufinden, ob neue Muster des Sprachgebrauchs entstanden waren. Ich wollte wissen. ob es nennenswerte Änderungen gegeben hatte, und insbesondere ob die Kinder später weniger oder mehr Englisch hörten und sprachen.

In einigen Familien wurde Deutsch langsam die dominante Sprache und blieb es, bis die Kinder älter wurden. Erst dann gab es wieder einen Wandel zum häufigeren Gebrauch der englischen Sprache. Dies lag daran, dass die Kinder dann gelernt hatten, wirklich fließend Englisch zu sprechen, oft, weil sie, wie schon erwähnt, längere Zeiträume in englischsprachigen Ländern verbracht hatten. Fühlten sie sich im Englischen erst einmal wohl, waren sie auch bereit, es im Gespräch mit dem Englisch sprechenden Elternteil zu verwenden. In einigen Fällen waren englischsprachige Mütter wieder ins Berufsleben zurückgekehrt und hatten eine Stelle in einem englischsprachigen Umfeld gefunden, wo Englisch gesprochen wurde. Das machte es einfacher für sie, es auch zu Hause wieder zu verwenden. Einige junge Leute sprachen öfter Englisch, weil sie es in ihren Jobs oder für das Studium brauchten. Es gaben allerdings nur zwei Familien zu Protokoll, dass bei ihren Kindern der Gebrauch des Englischen dominierte.

In vielen Familien wurden die Sprachen später immer noch gemischt. Die Wahl der Sprache erfolgte je nach Thema, Situation oder manchmal danach, was gerade einfacher war. Einige Personen konnten nicht sagen, welche Sprache öfter gebraucht wurde. Mehrere Eltern berichteten, dass alle Familienmitglieder dazu neigten, die Ereignisse in der Sprache zu erzählen, in der sie erlebt wurden. Englisch war oft die Sprache, in der Themen der Freizeit besprechen wurden und Deutsch wurde öfter für offizielle Angelegenheiten benutzt.

In den meisten Familien hatte es im Laufe der Zeit eine starke Verlagerung zum häufigeren Gebrauch der deutschen Sprache gegeben. Als die Kinder älter wurden, war das Englische zurückgewichen und das Deutsche gewann mehr und mehr die Oberhand. Häufigerer Kontakt mit der Außenwelt ließ das Deutsche verständlicherweise dominant werden und Eltern, die zu Beginn gar kein Deutsch konnten, hatten sich zumindest ausreichende Kenntnisse angeeignet. Für manche dieser Eltern war es inzwischen einfacher geworden, Deutsch zu sprechen. Es wurde natürlicher für sie, obwohl einige hinzufügten, dass ihr Deutsch noch lange nicht perfekt war. Interessanterweise sprachen viele dieser Eltern Deutsch, wenn sie wütend auf ihren Partner oder die Kindern waren, verärgert oder aus irgendeinem Grund stark erregt. Dies scheint der landläufigen Meinung zu widersprechen, dass Menschen in solchen Situationen lieber ihre Muttersprache verwenden. Manche waren sich dieses Wechsels nicht bewusst, aber eine Frau sagte, auf ihren Ehemann bezogen: „Ja, ich wollte immer absolut sicher sein, dass er genau verstanden hatte, was ich meinte."

Zusammenfassend kann man anhand der in den Interviews auf die letzte Frage gegebenen Antworten sagen, dass die Familien dazu neigten, im Laufe der Zeit weniger Englisch zu sprechen, obwohl es dabei mehrere Ausnahmen gab.

Im Hinblick auf das Ziel, die Kinder mit der englischen Sprache vertraut zu machen, waren für die Familien intensives Lesen englischer Bücher, gegenseitige Besuche von Verwandten und Freunden sowie längere Auslandsaufenthalte besonders wichtige Punkte, und sie glaubten fest an die Wirksamkeit all dieser Maßnahmen. Einige Eltern brachten ihre Kinder im Teenageralter in eine englischsprachige Umgebung, damit sie das lernen konnten, was sie zu Hause oder in der Schule in Berlin nicht geschafft hatten. Auch diese Strategie erwies sich als effektiv. Aber wahrscheinlich ist der regelmäßige Kontakt mit der englischen Sprache in frühester Jugend der den meisten Erfolg versprechende Ansatz, Kinder zweisprachig zu erziehen.

Die wichtigsten Punkte

1. Der Mangel an Gelegenheiten, bei denen die Minoritätssprache in ausreichendem Maße gehört und gesprochen werden kann, ist eindeutig das größte Einzelproblem bei der zweisprachigen Erziehung in gemischtsprachigen Familien.

2. Die meisten der befragten Eltern fanden es wichtig, für ihre Kinder alle Möglichkeiten zum Kontakt mit der englischen Sprache (Printmedien und andere Medien, andere Sprecher der Minoritätssprache und, falls möglich, auch Unterricht in der Minoritätssprache) zu nutzen.

Probleme der zweisprachigen Kindererziehung

Kein Buch dieser Art wäre vollständig, ohne die Schwierigkeiten anzusprechen, die bei der zweisprachigen Erziehung von Kindern auftreten. Einige der in den Interviews besprochenen Probleme waren allgemeiner Natur, das heißt, sie hätten von jedem zweisprachig aufwachsendem Kind erfahren werden können, zum Beispiel in einer Gemeinschaft von Einwanderern. Andere wiederum bezogen sich speziell auf unsere hier behandelte Art von Zweisprachigkeit in gemischtsprachigen Familien. Diese Schwierigkeiten entstanden zum Beispiel dadurch, dass Kinder oft zu wenig Gelegenheit zum Hören der Minoritätssprache hatten, oder durch persönliche Probleme der Eltern.

Ich möchte mich in erster Linie auf praktische Probleme, die bisher nicht besprochen wurden, sowie auf einige Lösungsstrategien der Eltern konzentrieren. Diese Probleme können in zwei Hauptkategorien eingeteilt werden: Zunächst gibt es die Probleme bei der Art, wie die Sprache verwendet wird und die Reaktionen anderer Leute darauf. Dann gibt es die Probleme, die mit Sprachfertigkeiten zu tun haben, zum Beispiel die konkreten Sprachkenntnisse eines Kindes.

Es gab unter den befragten Eltern keine einheitliche Meinung darüber, was in diesem Zusammenhang ein Problem darstellt, obwohl alle darin übereinstimmten, dass es schwierig gewesen sei, dafür zu sorgen, dass ihre Kinder genug Englisch zu hören bekamen. Ich werde all jene Punkte behandeln, die zumindest von einigen Eltern als Probleme angesehen wurden.

Sprachverlust

Wie bereits erwähnt, war es für die meisten Eltern ein wichtiger Punkt, so oft wie möglich Englisch zu hören. Die Interviews zeigten, dass viele Englischsprachler sich durchaus bewusst waren, dass ihre Sprachkompetenz seit ihrer Ankunft in Deutschland nachgelassen hatte. Anfangs hatten viele sich in die deutsche Sprache „gestürzt", um überleben und mit den Menschen ihrer Umgebung kommunizieren zu können. Das Ergebnis war, dass ihr eigenes Englisch einrostete, ihr aktiver Wortschatz spürbar abnahm und sie oft nicht in der Lage waren, die richtigen Worte zu finden. Einige stellten fest, dass sie im Englischen plötzlich Fehler machten, zum Beispiel weil sie wörtlich aus dem Deutschen übersetzten. Dies ging manchmal so weit, dass ihr Englisch für Menschen, die kein Deutsch konnten, unverständlich wurde. Sie benutzten zum Beispiel das Wort „card" (Spielkarte) anstatt „ticket" (Eintrittskarte), da das deutsche Wort „Karte" die Übersetzung für beide englische Begriffe ist. Oder sie sprachen von den „notes" (Notizen, Musiknoten) ihrer Kinder anstatt von den „marks" oder „grades" (Schulnoten), da das deutsche Wort „Note" unter anderem eben auch die schulische Leistung bezeichnet. Eine Mutter beklagte, dass sie manchmal deutsche Wörter „verenglischte". Während einer Autofahrt mit Freunden, die kein Deutsch konnten, hatte sie einmal zu ihnen gesagt: „We need to tank". Als ihre Bemerkung mit verständnislosen Blicken aufgenommen wurde, wurde ihr klar, was sie gesagt hatte, und sie fügte hinzu: „I mean, we need to get some petrol". Die direkte Übersetzung von „Benzin tanken" ist natürlich nicht „to tank", sondern „to get petrol". Die meisten englischsprachigen Eltern machten gelegentlich solche Fehler, manche mehr als andere, und einige waren sich dessen mehr bewusst als andere.

Einige der befragten Personen beunruhigte, dass sie Schwierigkeiten damit hatten, dem Tempo der Veränderungen in ihrer Muttersprache zu folgen, da sie in keinem englischsprachigen Umfeld mehr lebten. Sie verstanden nicht mehr alle neuen Wörter und Ausdrücke, die Einzug in die Sprache gehalten hatten, seit sie ihre Heimat verlassen hatten. Einigen schien nicht bewusst zu sein, in welchem Maße die englische Sprache wuchs und sich veränderte. Manchmal glaubten sie auch, dass ein im Deutschen neu eingeführter Anglizismus im Englischen automatisch dieselbe Bedeutung haben müsse. Eine Freundin von mir war sehr überrascht, als ich ihr erzählte, dass außerhalb von Deutschland vermutlich niemand verstehen würde, dass sie mit dem Begriff „Handy" ihr Mobiltelefon meint oder dass sie von Belästigung am Arbeitsplatz spricht, wenn sie das Wort „mobbing" benutzt, was auf Englisch normalerweise „bullying" heißt.

Einige Interviewpartner hatten die Erfahrung gemacht, dass sie zeitweise große Schwierigkeiten hatten, überhaupt Englisch zu sprechen, als sie nach längerer Abwesenheit wieder in ihre ursprüngliche Heimat zurückkehrten. Ein Vater erzählte, dass seine Verwandten sich über sein Englisch lustig gemacht hätten, und ein anderer, dass seine Familie in England ihm während seiner ersten Jahre in Deutschland gesagt hatte, dass sein Englisch ziemlich eigenartig geworden sei. Ein Cousin meinte, er klinge wie ein Ausländer. Während des Interviews bemerkte er dazu:

„Ja, und es stimmte. Und zwar, weil ich in die deutsche Gesellschaft völlig „eingetaucht" war und weil ich Jugendlichen Englisch beibrachte, die kaum Englisch verstanden. Die Folge war, dass ich alles, was ich sagte, genau prüfen musste. Alles musste grammatikalisch wirklich richtig sein. Ich konnte nicht einfach so einen Satz sagen wie: „It's as easy as falling off a log" (das ist doch kinderleicht). Und teilweise lag es daran, dass ich einfach aus der Übung war, da ich ständig mit meiner Familie Deutsch sprach."

Nach den ersten Jahren wurde sein Englisch etwas gestelzt, erzählte er, und bei seinem Besuch in der Heimat hatte die Umstellung vom Deutschen zu normalem Englisch Tage gedauert.

Wie dieser Vater bemerkten auch die meisten anderen Eltern, dass die Gefahr bestand, dass ihr Englisch sich nach langer Zeit im Ausland verschlechtern könnte, wenn sie nicht einen bewussten Versuch unternahmen, etwas dagegen zu tun. Einige stellten fest, dass nicht nur ihr Englisch gelitten hatte, sondern dass auch ihr Deutsch alles andere als perfekt war. Aber sie hatten schließlich eine weitere Sprache gelernt und das mag der Preis dafür sein. Wenn man diese Situation verhindern will, muss man oft an beiden Sprachen hart arbeiten.

Dieser elterliche Sprachverlust ist für diese Studie deshalb relevant, weil er von einigen Eltern als Problem angesehen wurde, auch aus dem Grund, dass ihre Kinder Englisch hauptsächlich von ihnen lernten. Somit war ihr Englisch das Vorbild, und in einigen Fällen war es für lange Zeit die einzige Quelle, die den Kindern zugänglich waren. Man könnte sich fragen, wie Kinder unter diesen Umständen überhaupt Englisch lernen konnten. Aber die Eltern waren sich dieses Problems und seiner möglichen Wirkungen sehr bewusst. Sie erkannten, dass ihre Schwierigkeiten die ihrer Kinder werden würden, und einige versuchten, etwas dagegen zu tun.

Probleme des Spracherwerbs und des Sprechens

Zahlreiche Eltern klagten darüber, dass ihre Kinder Schwierigkeiten damit hatten oder gehabt hatten, zwei Sprachen schreiben und lesen zu lernen. Sie hatten vor allem im Englischen Schwierigkeiten mit der Rechtschreibung, beim Erlernen der Vokabeln und mit der Grammatik, besonders bei der Wortstellung beim Satzbau. Einige Kinder hatten Schwierigkeiten damit, Deklination und Konjugation beim Deutschen zu lernen, und verwechselten die beiden Sprachen auf Grund ihrer Ähnlichkeiten. Eine Mutter, von zwei Kindern, die die Kennedy-Schule besuchten, war der Ansicht, dass die meisten zweisprachigen Kinder während ihrer gesamten Schulzeit zu kämpfen haben, wenn sie beide Sprachen korrekt sprechen und schreiben lernen wollen. Die meisten Eltern, deren Kinder diese Probleme hatten, legten Wert auf die Feststellung, dass diese nicht auf zweisprachige Menschen beschränkt seien. Viele der Fehler, die ihre Kinder machten, unterliefen auch Muttersprachlern beider Sprachen. Ihr Eindruck war, dass Engländer und Amerikaner oft Schwierigkeiten mit der Rechtschreibung hätten. Und nach Meinung einer anderen Mutter gibt es wenige Deutsche, die ihre eigene Sprache jemals wirklich fehlerfrei zu schreiben lernen. Alle Eltern waren sich darin einig, dass man unmöglich sagen konnte, ob diese Probleme wirklich mit der Tatsache zu tun hatten, dass die Kinder zweisprachig aufwuchsen.

Einige Kinder hatten Schwierigkeiten beim Sprechen. Viele fanden es schwierig, vom Deutschen ins Englische zu wechseln, vor allem, wenn sie über etwas sprechen sollten, das sie in deutscher Sprache erlebt hatten. Ein Vater war der Meinung, dass es von einem Grundschüler wohl zuviel verlangt sei, wenn er etwas auf Englisch erzählen sollte, das er in einer deutschen Schule erlebt hatte, oder wenn er eine Geschichte auf Englisch wiederholen sollte, die er auf Deutsch gehört oder gelesen hatte. Ich frage mich, ob Kinder, die in der Schule Englisch und zu Hause Walisisch, oder in der Schule Spanisch und Baskisch zu Hause sprechen, sofort die Sprache wechseln, wenn sie von der Schule nach Hause kommen? Wenn sie eine Geschichte aus der Schule zu Hause in einer anderen Sprache erzählen, würde dies auf alle Fälle eine unbewusste Übersetzungsarbeit bedeuten.

Einige Kinder hatten Mühe, bestimmte Wörter oder Laute auszusprechen, manchmal deutsche, manchmal englische, und waren deshalb von ihren Freunden gehänselt worden. Dies war ihnen damals peinlich. Wahrscheinlich glaubten sie, dass dies mit ihrer zweisprachigen Erziehung zusammenhing, denn es war manchmal ein Grund dafür gewesen, dass sie aufhörten, Englisch zu sprechen und sie ihre Eltern baten, in Anwesenheit anderer Deutscher Deutsch zu reden.

Diese Probleme waren keineswegs nur auf die Kinder beschränkt. Eltern hatten ebenfalls Schwierigkeiten, Begebenheiten auf Englisch wiederzuerzählen, die sie zum Beispiel am Arbeitsplatz auf Deutsch erlebt hatten. Eine Mutter sagte, dass bei der Erzählung eines Witzes oder einer Geschichte der Wortlaut direkt wiedergegeben wird, und dass das Besondere des Gesagten, zum Beispiel das Lustige oder Unangenehme daran, durch die Übersetzung vollkommen verloren gehen könnte. Andere Eltern fanden es generell schwierig, von einer in die andere Sprache zu wechseln und immer die richtige Person mit der richtigen Sprache anzusprechen.

Ein Wort zur Rolle der natürlichen Begabung

Wie bereits erwähnt, erzählten viele Eltern, dass sie auch unter ihren eigenen Kindern beträchtliche Unterschiede hinsichtlich ihrer natürlichen Sprachbegabung bemerkt hatten. Die meisten waren deshalb davon überzeugt, dass manche Kinder eine größere angeborene Begabung als andere haben. Deshalb könne es für ein Kind schwieriger als für seine von Natur aus talentierteren Geschwister sein, zweisprachig zu werden, selbst wenn bei beiden der Kontakt mit beiden Sprachen ähnlich war. Besonders in einer Familie hatten die Eltern eine interessante Beobachtung gemacht: Obwohl ihr Sohn während seiner ersten Lebensjahre von beiden Eltern fast ausschließlich Englisch gehört hatte, während seine Schwester nicht von dem Vorteil eines solch intensiven Kontakts profitieren konnte, entwickelte sie dennoch weit bessere Englischkenntnisse als ihr Bruder.

Einige der zweisprachigen Kinder in dieser Gruppe empfanden es trotz der Tatsache, dass sie zu Hause mit zwei Sprachen aufgewachsen waren und diese mit relativer Leichtigkeit gelernt hatten, als äußerst schwierig, im formellen Rahmen eines Klassenzimmers eine Fremdsprache zu erlernen. Die meisten der befragten Eltern glaubten, dass die natürliche Begabung bei der zweisprachigen Erziehung der Kinder eine sehr wichtige Rolle spielte.

Existenzielle Schwierigkeiten und andere praktische Probleme

Mit Gesundheit und Entwicklung des Kindes zusammenhängende Probleme

Einige der Eltern, mit denen ich sprach, erwähnten gesundheitliche Probleme und andere Störungen in der Entwicklung, unter denen ihre Kinder in jungen Jahren gelitten hatten und die nach ihrer Ansicht der Grund waren, weswegen diese gar nicht oder nicht in höherem Maße zweisprachig geworden waren. Neben Problemen wie allgemeine Spätentwicklung oder Sprachfehler hatte es sich um Frühgeburten und um Fälle von Schwerhörigkeit gehandelt. Zwei der Familien in der Gruppe hatten jeweils ein Kind, das sehr früh zur Welt gekommen war. Eines der beiden Kinder hatte sehr schnell gelernt und keine Probleme dabei gehabt, mit zwei Sprachen zurechtzukommen. Das andere hatte länger gebraucht, und der Mutter wurde von Ärzten geraten, die englische Sprache nicht zu früh einzuführen, da das Kind „ohnehin genug nachzuholen" hatte. Bei Problemen wie verspäteter Sprachentwicklung oder Sprachbehinderungen, zum Beispiel Stottern oder anderen Sprachstörungen, die bei mehreren Kindern therapiert wurden, war es nach Meinung der Eltern unmöglich zu sagen, ob das Problem teilweise auf Grund der zwei Sprachen entstanden war, oder ob es die Zweisprachigkeit erschwert hatte.

Probleme der Eltern

Sogar in Familien, in denen die Kinder keines der oben erwähnten Probleme hatte, waren die meisten Eltern der Meinung, dass die Aufgabe, junge Menschen in zwei Sprachen zu erziehen, sehr schwer sei und zahlreiche Schwierigkeiten mit sich bringe. Mehrere Teilnehmer merkten an, dass Außenstehende Zweisprachigkeit oft als etwas dem Kind Gegebenes ansahen, in gewisser Hinsicht als eine Gabe, die man sich im Gegensatz zu anderen Dingen nicht hart erarbeiten musste. Viele Eltern sahen die zweisprachige Erziehung in einer gemischtsprachigen Familie aber als sehr schwierige Aufgabe an.

Der Zeitfaktor: Mütter und Väter in Vollzeitbeschäftigung

Eine Mutter, die mehr oder weniger die einzige Person war, die mit ihren Kindern Englisch gesprochen hatte, als diese klein waren, glaubte, dass sie die Kinder nur deshalb erfolgreich zweisprachig erziehen konnte, weil sie den ganzen Tag zu Hause und die meiste Zeit mit ihnen zusammen gewesen war. Viele Eltern waren der Ansicht, dass eine Vollzeitbeschäftigung und der unvermeidlich daraus resultierende mangelnde Kontakt zu den Kindern einer der Gründe für das Scheitern des Projekts Zweisprachigkeit in manchen Familien sein könnte. Dies ist natürlich nicht immer der Fall. Es gibt viele Kinder, die zweisprachig werden, obwohl Vater und Mutter den ganzen Tag arbeiten. Mehrere Mütter gaben an, dass sie nach der Geburt ihrer ersten Kinder weiterhin einer Vollzeitbeschäftigung nachgingen, einige freiwillig, andere weil es notwendig war. Die Kinder wurden entweder von englischsprachigen Tagesmüttern, von deutschen Großeltern oder in deutschen Krippen oder Kindertagesstätten betreut. Eine Mutter erzählte, dass ihre Tochter den Tag entweder bei ihrer deutschen Großmutter oder in einem deutschen Kindergarten verbrachte, als sie klein war. Deshalb habe sie, die Mutter, jeden Abend nur zwei Stunden für Gespräche mit ihrer Tochter gehabt. Dies sei für das Kind nicht genug Zeit gewesen, um richtig Englisch zu lernen. Eine andere Mutter berichtete, dass sich während der ersten zwei Jahre tagsüber nur deutschsprachige Personen um ihren Sohn gekümmert hätten, da ihr Mann damals noch studierte und sie den Unterhalt für die Familie verdienen musste. Und eine weitere zweifache Mutter, die ebenfalls immer sehr lange gearbeitet hatte als ihre Kinder klein waren, da sie ihrem Mann beim Betrieb des Familiengeschäfts unterstützten musste, fasste ihre Situation und die vieler Familien mit den folgenden Worten zusammen: „Aber so leben die Menschen eben heutzutage. Wer hat schon ideale Bedingungen, um Kinder zweisprachig zu erziehen?"

Auch der folgende Fall einer schottischen Mutter illustriert die Situation, in der sich die Sprecher einer Minoritätssprache manchmal befinden, wenn sie in die Heimat ihres Ehepartners ziehen. Diese Frau war Psychologin und hatte auf ihrem Gebiet schon gearbeitet, bevor sie heiratete und nach Deutschland kam. Von Beginn an war sie darauf bedacht, sowohl aus gesellschaftlichen wie auch aus beruflichen Gründen, sich vollkommen in die deutsche Gesellschaft einzugliedern. Ein wichtiges Ziel war es, auch in Berlin als Psychologin zu arbeiten. Da diese Arbeit in hohem Maße sprachabhängig ist, wurde ihr klar, dass es für sie von grundlegender Bedeutung sein würde, so fließend wie möglich Deutsch zu sprechen. Sie fügte hinzu, dass sie auch privat das Bedürfnis gehabt hatte, völlig in die deutsche Gemeinschaft integriert zu sein. Obwohl sie sehr stolz auf ihr schottisches Erbe war, wollte sie im Umgang mit Deutschen nicht in erster Linie als Ausländerin wahrgenommen werden. Und sie wollte vermeiden, dass die Menschen an ihr ihr Englisch ausprobierten oder sich über ihren wunderbaren schottischen Urlaub ausließen, auch wenn es noch so nett gemeint sein sollte. Als ihr erstes Kind geboren wurde, übte sie bereits einige Jahre ihren Beruf aus, hatte keinerlei Kontakte zu Leuten aus englischsprachigen Ländern und sprach deshalb nur dann Englisch, wenn sie außerhalb Deutschlands war. Sie beteuerte, dass es ihr zu diesem Zeitpunkt unmöglich gewesen wäre, wieder auf die englische Sprache zurückzugreifen. Selbst wenn eine zweisprachige Erziehung weit oben auf ihrer Prioritätenliste gestanden hätte, was damals nicht der Fall war, war sie sich nicht sicher, ob sie in der Lage gewesen wäre, mit ihren Kindern Englisch zu sprechen. Der Gebrauch des Deutschen als Sprache ihres Umfeldes war ihr zur zweiten Natur geworden und sie war sich auch nicht sicher, ob sie die Kraft gefunden hätte, nach einem langen und oft anstrengenden Tag wieder ins Englische zu wechseln. Außerdem war sie der Meinung, dass ihre Unterhaltung mit ihren Söhnen einer mühsamen Unterrichtsstunde geglichen hätte, hätte sie diese damals darin bestärkt, ihr auf Englisch zu antworten. Der Besuch einer deutschen Schule sei ohnehin schwierig für die Kinder, fügte sie hinzu, und die Kindererziehung auch ohne die zusätzliche Last zweier Sprachen schwierig und frustrierend genug für die Eltern. Sie wies auch darauf hin, dass ihre Kinder einen modernen und innovativen deutschen Kinderladen besucht hatten, und sie glaubte, dass diese davon enorm profitiert hatten. Wären sie zweisprachig aufgezogen worden, wären sie wahrscheinlich davon ausgeschlossen gewesen, ebenso wie von anderen Freizeitaktivitäten in der deutschen Gemeinschaft.

Allerdings gab sie am Schluss zu, dass sie damals sehr unerfahren gewesen war und das Thema nicht gründlich durchdacht hatte. Wäre sie heute mit der gleichen Situation konfrontiert, würde sie vermutlich in der Lage sein, anders damit umzugehen. Auch wenn die Probleme die gleichen wären, würde sie es vielleicht schaffen, ihren Söhnen öfter die Gelegenheit zu geben, Englisch zu hören und vielleicht sogar zu sprechen. Immerhin habe sie inzwischen erkannt, dass es verschiedene Möglichkeiten gebe, dieses Thema anzugehen.

In vielerlei Hinsicht ähnelte die Situation dieser Frau derjenigen vieler englischer oder amerikanischer Väter. Man muss allerdings hinzufügen, dass es zwei Väter in dieser Gruppe gab, die das Glück hatten, in den ersten Jahren die Haupterzieher ihrer ersten Kinder zu sein und zwei andere, die auf Grund ihrer Lehrtätigkeit viel mehr Zeit für ihre Kinder gehabt hatten als die meisten anderen Väter. Einer berichtete sogar, dass er sich mit seiner Frau Haushaltsarbeiten und Kindererziehung teilte, was bedeutete, dass ihre Kinder zu Hause ebenso oft Englisch wie Deutsch hörten. Solche Fälle waren aber eher die Ausnahme als die Regel. Die meisten Väter hatten weit weniger Zeit für ihre Kinder. Viele derjenigen, die einen normalen Achtstundentag oder einen noch längeren Arbeitstag hatten, beklagten, dass ihr Job ihnen zu wenig Zeit für ihre Kinder ließ. Keiner der englischsprachigen Väter in Vollzeitbeschäftigung hatte es geschafft, seinen Kindern mehr als eine passive Zweisprachigkeit zu vermitteln, mit Ausnahme derjenigen, die ihre Kinder auf eine bilinguale Schule geschickt hatten. Diese Väter waren sich der Rolle, die eine solche Schule bei der Vermittlung der Minoritätssprache spielen kann, sogar stärker bewusst als einige der englischsprachigen Mütter in der Gruppe. Ein Engländer, dessen Kinder auf einer deutschen Schule im Fach Englisch nicht besonders gut waren, tröstete sich selbst mit folgendem Gedanken: Wenn manche Mütter, die den ganzen Tag zu Hause sein können, es auch nicht schaffen, ihre Kinder zweisprachig zu erziehen, dann ist es für den durchschnittlichen Vater, der nur an den Wochenenden mit seinen Kindern allein sein kann, logischerweise noch viel schwieriger. Eine Mutter, die in einem amerikanischen Militärkrankenhaus als Hebamme gearbeitet hatte und mit vielen deutschen Frauen in Kontakt kam, die mit amerikanischem Armeeangehörigen verheiratet waren, hatte ebenfalls beobachtet, wie schwierig die zweisprachige Erziehung der Kinder für Familien ist, in denen der Vater die Minoritätssprache spricht. Sie beschrieb die Situation mit folgenden Worten:

„Im Allgemeinen hängt es von der Mutter ab, ob ein Kind zweisprachig wird oder nicht. Ich sehe einfach nicht, wie ein Vater das schaffen soll."

Geringer Kontakt des Sprechers der Minoritätssprache zu anderen Muttersprachlern

Im Vergleich zu den eben beschriebenen Vätern, die sich aus Zeitgründen nicht genügend um ihre Kindern kümmern konnten, war die Situation derjenigen Englischsprachler, die als junge Eltern den Kontakt zu anderen Englischsprachlern verloren hatten, im Allgemeinen weniger problematisch, vor allem, wenn sie zwar wenig englischsprachige Freunde und Bekannte in ihrem Umfeld besaßen aber genügend Zeit für ihre Kinder hatten. Dennoch waren die Betroffenen der Meinung, dass dies eine schwierige Situation für die zweisprachige Erziehung von Kindern sei. Die meisten hatten es sich nicht ausgesucht, in einer ausschließlich deutschen Gesellschaft zu leben, das heißt, eigentlich wollten sie sich gar nicht von ihren Landsleuten isolieren. Dennoch berichtete fast ein Drittel der Gruppe, dass sie keine oder kaum andere Muttersprachler kannten, mit denen sie sich in ihrer eigenen Sprache unterhalten konnten als ihre Kinder noch klein waren. Eine Frau hatte damals den Eindruck gehabt, dass sie die einzige englische Person in ganz Berlin gewesen sei! Einige wenige Eltern hatten Kollegen, die aus englischsprachigen Ländern stammten, aber außerhalb des Arbeitsplatzes kaum solchen Kontakt oder Besuch. Später, als ihre Kinder älter waren, hatten viele in einer oder mehreren der verschiedenen englischsprachigen Clubs in der Stadt Freundschaften geschlossen. Trotz der Tatsache, dass sie selten Gelegenheit hatten, mit anderen Menschen Englisch zu sprechen, außer in einigen Fällen mit ihren Partnern oder für kurze Zeit mit Verwandten und Freunden in oder aus ihrer Heimat, behauptete etwa die Hälfte von diesen Eltern, dass es ihnen dennoch leicht gefallen sei, dies konsequent mit ihren Kindern zu tun. Einigen kam natürlich zu Gute, dass sie damals nur wenig oder gar kein Deutsch konnten. Andere aber glaubten, dass ihre Isolation von anderen englischsprachigen Personen teilweise der Grund dafür war, dass ihre Kinder die englische Sprache nicht besser beherrschten.

Wenn man zu Babys oder Kleinkindern in einer Fremdsprache spricht

Die bisher besprochenen Probleme haben alle Eltern erlebt, die ihre Kinder zweisprachig zu erziehen versucht haben. Der Fragenkatalog beinhaltete aber eine Frage, die nur denjenigen gestellt wurde, die mit ihren Kindern entweder nur sehr unregelmäßig, nur für eine kurze Zeit oder fast gar kein Englisch gesprochen hatten. In den Gesprächen mit diesen Familien fragte ich die Englischsprachler, ob sie es als Eltern in irgendeiner Weise schwierig gefunden hätten, ihre Kinder in einer für sie fremden Sprache anzusprechen, als diese noch sehr klein waren. Diejenigen, die zum damaligen Zeitpunkt bereits fließend Deutsch sprachen, antworteten, dass sie sich sehr wohl in der Sprache gefühlt hätten, sogar wenn sie mit ihren Kindern oder Babys sprachen. Selbst einige der Mütter und Väter, die die deutsche Sprache nicht besonders gut beherrschten, hatten sich dennoch wohl bei ihrem Gebrauch gefühlt. Keiner dieser Eltern glaubte, dass die Verwendung einer Fremdsprache irgendeinen negativen Einfluss auf die emotionale Eltern-Kind-Beziehung haben könnte. Deutsch war für sie die „normale" und manchmal die einfachere Sprache geworden.

Eine der Mütter in dieser Gruppe wies darauf hin, dass das Vokabular für die Unterhaltung mit einem Baby für die Eltern ohnehin neu sei. Es sei eine Art spezielle Babysprache, vieles davon Töne, die nur Gefühle ausdrücken und nicht als Teil irgendeiner Sprache identifizierbar sind. Diese Mutter sagte auch, dass, obwohl sie sich im Deutschen wohl gefühlt hatte als ihre Kinder Babys waren, sie „zeitweilig etwas verunsichert" war. Sie meinte auch, dass „ein Teil der Gefühlsäußerungen verloren gegangen sein könnte." Auch eine deutsche Mutter sprach von ihrer Beobachtung, dass es ihrem britischen Ehemann schwierig gefallen war, sich auf Deutsch richtig mit seinen Kindern zu unterhalten. Insgesamt waren es nur zwei Ehepaare, die von solchem Unbehagen berichteten. Dies stimmte jedoch mit den Gefühlen vieler Eltern überein, die mit ihren Kindern Englisch gesprochen hatten und die der Meinung waren, dass es ihnen unmöglich gewesen wäre, ihre eigenen Kinder in einer fremden Sprache anzusprechen.

Eheprobleme

In einigen wenigen Fällen hatten auch Eheprobleme, die zur Scheidung führten, negative Auswirkungen auf die Zweisprachigkeit der Kinder gehabt. Nicht nur, dass die Kinder ganz allgemein sehr unter der Trennung und dem Ende des Familienlebens gelitten hatten, auch ihre sonstige Entwicklung, der Prozess des Spracherwerbs inbegriffen, wurde beeinträchtigt. Es gab auch Fälle, in denen die Kinder mit der völligen Ablehnung der Minoritätssprache reagierten, weil diese die Muttersprache des Elternteils war, zu dem sich ihre Beziehung generell verschlechtert hatte.

In einigen Fällen jedoch, in denen die Kinder nach der Trennung des Paares in der Obhut des Elternteils, der Englisch sprach, in Deutschland blieben, wurden keine negativen Effekte auf den Spracherwerb beobachtet.

Probleme mit der Verwandtschaft

Eine Familie berichtete, dass ihre deutsche Großmutter seit der Geburt ihres ersten Kindes immer mit ihnen zusammengelebt hatte. Da sie kein Englisch sprach, wurde den Kindern das Erlernen dieser Sprache erschwert, weil die ganze Familie Deutsch sprechen musste, wenn sie anwesend war. Eine andere Familie beschrieb, wie die Versuch der schottischen Mutter und ihrer Tochter, zu Hause zwischen ihnen die englische Sprache wieder einzuführen, durch den Besuch einer deutschen Tante, die kein Englisch sprach, durchkreuzt wurde. Eltern klagten, dass viele deutsche Verwandte, vor allem die Großeltern, schnell beleidigt waren, wenn in ihrer Anwesenheit Englisch gesprochen wurde.

Manchmal wurden die Probleme durch Kontaktschwierigkeiten mit Sprechern der Minoritätssprache selbst verursacht. Eine Mutter beschrieb die Schwierigkeiten, die sie damit gehabt hatte, ihren Sohn zum Gebrauch der englischen Sprache zu ermutigen. Diese wurden noch durch die Tatsache verstärkt, dass das Kind nicht einmal während der Aufenthalte in England bei seiner Großmutter zum Englischsprechen angeregt wurde. Mit seinem Großvater hatte der Junge noch sehr gute Fortschritte gemacht, doch nach dessen relativ frühem Tod war die englische Großmutter der einzige Kontakt in England. Von deren eigener Tochter, der Mutter des Jungen, wurde sie als „sowieso nicht der Typ Mensch, der viel mit kleinen Kindern anfangen kann" beschrieben und als eine Person, die keine einfachen Worte benutzen oder Gedanken auf einfache Weise erklären könne. Der Vater des Jungen sagte während des Interviews, dass er ebenfalls große Probleme damit hatte, seine Schwiegermutter zu verstehen (Manche würden behaupten, dass dies in den Beziehungen zwischen Schwiegermutter und Schwiegersohn ja oft der Fall ist!). Die Schwiegermutter aber vermutete, dass Schwiegersohn und Enkel nicht mit ihr reden wollten, und sie reagierte verärgert und eingeschnappt.

Der amerikanische Vater einer anderen Familie erklärte, dass seine einzigen verbliebenen Verwandten nicht nur Tausende von Meilen von der Familie entfernt in Kalifornien lebten, sondern dass sie auch sehr alt waren und die Bindung zu ihnen nie besonders eng gewesen sei.

Vergleicht man diese Fälle mit einem anderen, in dem die englischen Großeltern - in Südostengland beheimatet und von Berlin aus relativ leicht zu erreichen - mit ihren Enkeln endlose Abende mit Kartenspielen und anderen Spielen verbracht hatten, und ihnen immer alles vorgelesen und erklärt hatten, dann wird klar, wie sehr mangelnde Unterstützung von Seiten der erweiterten Familie, aus welchen Gründen auch immer, eine Situation verschlechtern kann, die vielleicht von Anfang an nicht optimal war.

Probleme außerhalb der Familie: Englischunterricht an deutschen Regelschulen

Dieses Problem betrifft ganz besonders Kinder, die mit Englisch als Minoritätssprache aufwachsen und normale Schulen besuchen. In meiner Gruppe gab es viele Berichte über Kinder, die an ihrer deutschen Schule aus unterschiedlichen Gründen unter Lehrern, Mitschülern oder anderen Eltern stark gelitten hatten. Sie wurden kritisiert, weil sie entweder zu wenig Englisch konnten oder das „falsche" Englisch sprachen. Manchmal hatten sie sogar darunter zu leiden, dass ihnen unterschwellig und indirekt vorgeworfen wurde, zu gut zu sein. Diese Probleme sind bereits an anderer Stelle erwähnt worden. Einige zweisprachige Kinder mussten mit deutschen Englischlehrern zurechtkommen, die die Sprache, die sie unterrichteten, nicht besonders gut beherrschten. Für einige Kinder war der Englischunterricht äußerst langweilig und reine Zeitverschwendung, daran teilnehmen mussten sie aber trotzdem. Von den 26 Familien, deren Kinder die deutsche Regelschule besuchten, berichtete mindestens die Hälfte von derartigen Problemen. Unabhängig davon, wie gut oder schlecht ihre Kenntnisse gewesen sein mögen, beklagten sich die Kinder darüber, dass ihr Englisch oft kritisiert wurde. Wenn bekannt war, dass ein Elternteil Muttersprachler war, wurden denjenigen, die mit relativ wenig Englisch aufgewachsen waren, ihre schlechten Noten im Fach Englisch vorgehalten. Es wurde allgemein erwartet, dass ihr Englisch fließend sein müsse. Einige von denen, deren Englisch außerhalb der

Schule als exzellent angesehen wurde, erhielten dennoch schlechte Noten und ihre Zweisprachigkeit wurde ignoriert. Andere wiederum, die mit einem regionalem Akzent sprachen, mussten sich sagen lassen, dass ihr Englisch inakzeptabel sei.

Besonders schwierige Situationen gab es, wenn Lehrer Wörter oder Ausdrücke als falsch werteten, von denen die Kinder wussten, dass sie richtig waren. Ein in diesem Zusammenhang bereits genanntes, Mädchen, das beide Sprachen gleich gut beherrschte, litt während ihrer gesamten Schulzeit unter dem Neid und dem Groll der Mitschüler und deren Eltern. Die Eltern des Mädchens führten diese Reaktionen darauf zurück, dass die anderen ihrer Tochter den Erfolg in einem wichtigen Schulfach nicht gönnten, weil sie nicht sehr hart dafür arbeiten musste. Während ihrer ganzen Schulzeit hatte niemand auch nur ein einziges Wort des Lobes für sie gehabt, was für ihre Eltern schwer zu verstehen war.

Eine andere Mutter berichtete, wie oft sie frustriert und verzweifelt gewesen war, wenn sie die Erzählungen ihrer vornehmlich englischsprachigen Töchter über den Englischunterricht hörte. Sie brachte die Angelegenheit bei deren Lehrern zur Sprache, aber vergebens. Schließlich, als eine der Töchter mit der schlechtesten Note nach Hause kam, weil sie sich geweigert hatte den falschen Satz „I haven't any trouser" (richtig ist „trousers") zu schreiben, entschied die Mutter, dass es an der Zeit war, aufzugeben und die Angelegenheit einfach zu ignorieren. Sie beruhigte ihre Töchter mit der Bemerkung, dass Schulnoten nicht immer die korrekte Bewertung der Fertigkeiten in einem Schulfach seien. Diese Schwierigkeiten veranschaulichen, dass die Sprecher einer Minoritätssprache, auch wenn diese ein hohes Ansehen genießt, unter verschiedenen Formen der Diskriminierung zu leiden haben oder auf Ablehnung durch die Gesellschaft stoßen, weil sie in gewisser Weise von den üblichen Standards abweichen.

Wie die Eltern diese Probleme angingen

Sprachwahl in Anwesenheit von Deutschen

Während der Erziehung der Kinder wurden die Eltern vermutlich ständig mit der Frage konfrontiert, welche Sprache gesprochen werden sollte, wenn Personen anwesend waren, die kein Englisch konnten. Dieses Thema, das selten als ernsthaftes Problem eingestuft wurde, wurde auf verschiedene Art und Weise angegangen. Viele Eltern sagten, dass sie spontan und intuitiv reagierten. Einige berichteten, dass sie mit ihren Kindern, solange diese klein waren, auch vor deutschen Freunden oder Verwandten weiterhin Englisch gesprochen hatten. Dies bereitete keine großen Schwierigkeiten, denn das meiste, was sie zu diesem Zeitpunkt zu ihnen sagten, waren Anweisungen, die selten aus mehr als einem einzelnen Satz bestanden wie „Don't do that" („Tu das nicht") oder „Go and get your coat" („Geh' und hole Deine Jacke"). Viele Eltern sprachen Englisch, wenn es sich um Bemerkungen handelte, die nur an ihre eigenen Kinder gerichtet waren. Sie wechselten aber sofort ins Deutsche, wenn zum Beispiel deutsche Schulfreunde anwesend waren und sie diese in die Unterhaltung einbeziehen wollten. Einige wählten die, wie eine Mutter sagte, „sehr ermüdende Vorgehensweise", alles in beiden Sprachen zu wiederholen, wenn ihre Kinder mit ihren deutschen Freunden zusammen waren. Einige wechselten nur dann ins Deutsche, wenn sie es für notwendig hielten, zum Beispiel, wenn sie es selbst als unhöflich angesehen hätten, auf Englisch fortzufahren. Es gab niemanden in der gesamten Gruppe, der in Anwesenheit von Deutschen, die wenig oder gar kein Englisch verstanden, weiter die Fremdsprache verwendet hätte.

Auch beim Gebrauch der englischen Sprache in der Öffentlichkeit gab es innerhalb der Gruppe unterschiedliche Vorgehensweisen. Eine Mutter zum Beispiel sprach auch auf öffentlichen Spielplätzen mit ihren Kindern Englisch. Sie war sich dessen bewusst, dass einige dies unhöflich finden könnten. Sie vertraute aber andererseits darauf, dass die Mehrheit verständnisvoll darauf reagieren würde. Eine andere wiederum war der Meinung, dass der Gebrauch der Minoritätssprache in einer solchen Situation, in der es dafür keine wirkliche Notwendigkeit gibt, und noch dazu in Anwesenheit von Deutschen, kritisches Aufsehen geradezu herausfordern würde. Inzwischen hört man so viel Englisch in der Stadt, dass die Leute sich daran gewöhnt haben und es kaum noch auffällt.

Wenn das Kind die „falsche" Sprache spricht

Häufig geschieht es, dass Kinder in Situationen, in denen die Eltern den Gebrauch der englischen Sprache erhofft oder erwartet hatten, auf Deutsch antworteten. Auch darauf wurde unterschiedlich reagiert. Viele legten besonderen Wert auf die Feststellung, dass ihre

Kinder sich niemals konsequent geweigert hätten, Englisch zu sprechen. Anfangs konnten sie aber entweder ihre Gedanken nicht richtig auf Englisch ausdrücken oder sie hatten einfach keine Notwendigkeit dafür gesehen. Einige Eltern wechselten ins Deutsche, wenn ihr Kind ihnen auf Deutsch zu antworten begann. Die meisten aber blieben beharrlich beim Gebrauch der englischen Sprache, und dies scheint bei der hier behandelten Form von Zweisprachigkeit eines der Erfolgsgeheimnisse zu sein. Reisen in englischsprachige Länder zeigten später, dass diese Arbeit sinnvoll war. Viele glaubten, dass die Mühe nicht umsonst gewesen war und konnten es nun beweisen. Sie stellten fest, dass ihre Kinder ganz gut Englisch sprechen konnten, wenn es darauf ankam und eine Verständigung sonst nicht möglich gewesen wäre. Wie bereits erwähnt, waren viele Eltern der Meinung, dass sich die Sprache auf natürliche Weise entwickeln solle und dass Zwang auf jeden Fall vermieden werden müsste, da die Kinder dann abblocken könnten.

Dennoch konnte die Festlegung von Regeln nach Meinung von einigen Eltern Gewohnheiten erzeugen, die von den Kindern akzeptiert wurden.

Zwei von den befragten Müttern war empfohlen worden so zu tun, als ob sie das Deutsch ihrer Kinder nicht verstehen könnten, doch sie befolgten diesen Rat nicht. Eine der beiden fand dies „nicht durchführbar und sehr anstrengend" und lehnte die Maßnahme ab. Die zweite zeigte eher Verwunderung als Unverständnis, womit sie bis zu einem gewissen Grad Erfolg hatte.

Eine vierfache Mutter beschrieb ihre Strategie folgendermaßen:

„Wenn die Geschichten nach der Rückkehr von der Schule nur so aus den Kindern heraussprudeln, sollen sie ihren Spaß haben und mir alles genau so berichten, wie sie es erlebt haben. Ich denke, eine andere Reaktion wäre ihnen gegenüber unfair. Aber ich habe immer alles auf Englisch kommentiert."

Es war dieselbe Mutter, die ihre Töchter dazu überreden konnte, zu Hause miteinander Englisch zu sprechen, damit sie alle mit der Großmutter kommunizieren konnten, wenn diese zu Besuch kam. Viele Monate nach dem Interview erzählte sie mir, dass sie sich vorgenommen hatte, ihre jüngste Tochter dazu zu ermuntern, mit ihrem Hund Englisch zu sprechen. Sie hatten aus Schottland einen Hund mitgebracht, und die Mutter beharrte darauf, dass dieses Tier nicht verstand, wenn man auf Deutsch mit ihm sprach. Dieses Beispiel zeigt, dass es viele Mittel und Wege gibt, die zum Erfolg führen können. Manchmal muss man einfach seiner Fantasie freien Lauf lassen.

Eine andere Mutter berichtete mir von folgender Methode, um die Kinder zum Gebrauch der englischen Sprache zu ermuntern. Während der gemeinsamen Aufenthalte in Großbritannien hatten sie und ihr Ehemann die Situationen ausgenutzt, in denen die Kinder Interesse an anderen Personen und ihren Tätigkeiten zeigten. Immer wenn sie neugierig wurden und mehr erfahren wollten, hatten die Eltern ihnen gesagt, dass sie selbst zu den Leuten gehen und mit ihnen sprechen müssten. Daraufhin hatte der Sohn eines Tages einen anderen Jungen in ein Gespräch über dessen funkgesteuertes Modellboot verwickelt, mit dem er auf dem kleinen See in einem Park spielte. Sein Interesse an dem Spielzeug hatte ihm über seine Hemmungen hinweggeholfen und ihn dazu gebracht, zu dem anderen Kind zu gehen und ihm auf Englisch Fragen zu stellen.

Dieselbe Mutter berichtete auch, dass sie die Antworten ihrer Kinder auf ihre Fragen immer auf Englisch wiederholt hatte, wenn sie ihr auf Deutsch geantwortet hatten. Sie verhielt sich genauso, wenn sie ihre Fragen auf Deutsch stellten; sie wiederholte die Fragen auf Englisch, bevor sie antwortete. Unter anderen vergleichbaren Strategien, die benutzt worden waren, wurde diese von einer Mutter als „die Verwendung von kindgerechten Wörtern und Ausdrücken auf Englisch und die häufige Wiederholung von einfachen Fragen und Antworten" beschrieben. Diese Maßnahmen waren oft sehr effektiv. Das einzige Problem dabei ist, dass sie auch sehr zeitaufwändig sind und für die Eltern manchmal sehr langweilig sein können.

Das Mischen von Sprachen (Code-switching) und die Korrektur von Fehlern

Bei den Fragen über das Mischen von Sprachen (Code-Switching) und die Korrektur von Fehlern der Kinder hatten die verschiedenen Eltern ebenfalls unterschiedliche Ansichten und Vorgehensweisen. Nur einige von ihnen sahen darin ein wirkliches Problem.

Eine meiner Fragen hatte zum Ziel herauszufinden, wie Eltern auf das Mischen der Sprachen reagierten. In diesem speziellen Zusammenhang benutzt man die Begriffe „Mischen von Sprachen" bzw. „Code-switching" relativ locker bei allen Situationen, in denen eine Person mitten im Redefluss direkt von einer in die andere Sprache wechselt. Dies kann innerhalb eines Satzes sein oder auch nicht. Wörter der einen Sprache können in einen Satz der anderen Sprache eingefügt werden. Diese Definition erklärte ich den Eltern. Ihre Antworten zeigten, dass das Mischen und Wechseln der Sprachen in den Familien dieser Gruppe weit verbreitet waren.

Alle Kinder, die die Kennedy-Schule besuchten oder besucht hatten, und diejenigen, die dort arbeiteten, berichteten, dass dort die Sprachen vermischt werden. Die Kinder sprechen eine Sprache, die sie „Ginglish" nennen. (Solche Wortkreationen sind ziemlich üblich. Eine Frau, die viele Jahre in Argentinien gelebt und dort Spanisch und Englisch gesprochen hatte, erzählte mir, dass die dort gesprochene Sprachmischung „Spanglish" genannt wurde.)

Es gab sehr unterschiedliche Reaktionen auf dieses Phänomen. Einige Paare nahmen es als unvermeidlich hin und glaubten nicht, dass es dem Kind sehr schade oder seine Sprachentwicklung beeinträchtige. Viele Eltern standen dieser Vermischung der Sprachen tolerant gegenüber, da sie es sich selbst auch erlaubten, die Sprachen zu mischen. Einige sagten, dass es so einfacher wäre. Sowohl Erwachsene wie auch Kinder wechselten oft die Sprache, wenn etwas in der anderen Sprache einfacher ausgedrückt werden konnte. Ich erinnere mich an einen Jungen, mit dem ich während meiner ersten Studie „Einstellungen zur Zweisprachigkeit" gesprochen hatte. Er beherrschte beide Sprachen wirklich fließend, erzählte aber, dass es häufig vorkomme, dass, wenn er in der einen Sprache spricht, Wörter aus der anderen Sprache einfach von alleine „auftauchen". Viele zweisprachige Menschen würden bestätigen, dass so etwas häufig geschieht. Anscheinend ist der Grund hierfür entweder, dass es in der einen Sprache ein sehr bekanntes und gebräuchliches Wort gibt, das einen Sachverhalt besser ausdrückt als es mit dem Wortschatz der anderen Sprache möglich wäre, oder, dass die Menschen in der einen Sprache Wörter in ihrem aktiven Wortschatz haben, für die sie in der anderen keine entsprechenden Alternativen besitzen. Es kommt auch vor, dass es für einen bestimmten Ausdruck keine passende Übersetzung gibt. Viele sagten, dass es für sie schwierig war, das Vermischen der Sprachen zu vermeiden oder ein Wort aus der anderen Sprache nicht zu benutzen, wenn ein entsprechendes Wort in der gerade gesprochenen nicht existierte. Sie sagten, dass deutsche Wörter oft in englische Sätze aufgenommen würden. Bei den Personen, die ich interviewt habe, schien dies viel häufiger vorzukommen als umgekehrt englische

Wörter in deutsche Sätze. Einige deutsche Wörter und Ausdrücke können in die englische Sprache einfach nicht sinnvoll übersetzt werden, wie etwa Fachausdrücke oder andere Begriffe, die es in Großbritannien, Amerika usw. nicht gibt (z.b. „hitzefrei" oder „Wandertag"). Sie müssten umschrieben werden, darum lässt man sie auf Deutsch, wenn man Englisch redet.

Ein Vater erzählte, dass in seiner Familie eine „hybride" Sprache, eine Art „Gulasch", wie er sagte, gesprochen werde. Die Familie hatte zwar beschlossen, die Sprachen nicht zu vermischen, konnte sich aber nie an diesen Vorsatz halten. Nach und nach kapitulierten sie vor dieser Tatsache, waren aber eigentlich ganz zufrieden mit dem Ergebnis. Die Mutter fügte hinzu, dass sie oft gar nicht merkten, wie sie die Sprachen mischten. Ähnliche Bemerkungen hörte ich von vielen Leuten, sowohl Erwachsenen als auch Kindern.

Manche Eltern waren aber mit dieser Situation gar nicht zufrieden. Einige von ihnen störte das Mischen der Sprachen oder der Sprachwechsel innerhalb eines Satzes, insbesondere bei Kindern. Wenn die Eltern sich beschwerten, protestierten die Kinder oft und sagten, dass man unmöglich Dinge auf Englisch beschreiben kann, die es nur in Deutschland gibt. Andere schrieben das Vermischen der Sprachen ihrer eigenen Faulheit zu. Die Eltern, die mit der Situation unzufrieden waren, versuchten manchmal, ihre Kinder dazu zu bringen, Lösungen für diese sprachlichen Schwierigkeiten zu finden, waren aber selten erfolgreich.

Ablehnende Haltungen gegenüber dem Mischen von Sprachen sind sehr verbreitet. In den meisten Gemeinschaften, in denen es untersucht wurde, haftet ihm ein gewisses soziales Stigma an, und zwar sowohl bei den Sprechern der Majoritätssprache als auch in der zweisprachigen Gemeinschaft selbst. Sprecher des Punjabi reden von „Tutti-frutti", wenn sie die Sprachen vermischen. In Zentralmexiko wird ‚Code-switching' von der einheimischen Bevölkerung als destruktiv und als Zeichen der Unvollkommenheit angesehen. Ein norwegischer USA-Besucher bezeichnete das von den dortigen Immigranten gesprochene Norwegisch gar nicht erst als Sprache, sondern als scheußliche Mixtur aus Norwegisch und Englisch. Das Mischen der Sprachen wird häufig auch als Zeichen für mangelnde Bildung angesehen.

Die Ablehnung von ‚Code-switching' durch Eltern dieser Gruppe hatte nichts mit dem niedrigen Status einer der Sprachen oder mit der

Furcht vor Sprachverlust und folglich vor dem Verlust des kulturellen Erbes oder der Identität zu tun, wie es manchmal in zweisprachigen Gemeinschaften der Fall ist. Sie wurde eher durch Vorstellungen von sprachlicher Reinheit und ihrer Verbindung mit hohen Bildungsstandards hervorgerufen. Einige der Interviewpartner, die es ablehnten, Sprachen zu vermischen und die behaupteten, es nicht zu tun, mischten während des Interviews jedoch selbst die Sprachen, ein Hinweis vielleicht darauf, dass dies oft ein unbewusster Prozess ist.

Interessant ist die Bemerkung eines amerikanischen Vaters zu diesem Thema. Er sagte, dass seine Kinder, die beide nicht sehr gut Englisch sprachen, die Sprachen niemals vermischten, da sie im Englischen sehr unsicher waren. Englisch zu sprechen war für sie ein sehr bewusster geistiger Prozess. Dies trifft wohl nicht zu für diejenigen, die Sprachen mischen oder wechseln, die wahrscheinlich oft sehr spontan sprechen. Das kann daran liegen, dass sie beide Sprachen sehr gut beherrschen, oder dass sie sich zumindest sehr wohl dabei fühlen, wenn sie die beiden Sprachen sprechen.

Linguisten, die das Thema ‚Code-switching' untersucht haben, neigen zu einer weit weniger negativen Sichtweise. Es wird als unvermeidlich angesehen, wenn regelmäßig zwischen zwei Sprachen gewechselt wird.

Abschließend noch ein Wort zum Thema Korrektur von Fehlern in der Minoritätssprache. Fast alle Eltern, mit denen ich gesprochen habe, sagten, dass sie ihre Kinder entweder gar nicht korrigierten, um sie nicht zu entmutigen, oder ihnen nur gelegentlich korrekte Alternativen vorschlugen, wenn sie zu Ende gesprochen hatten. Viele waren der Meinung, dass es die Begeisterung der Kinder beim Sprechen oder ihre Freude an der Sprache zerstören würde, wenn man sie verbessern würde. Es würde immer auch bedeuten, ein Kind öfter als ein anderes verbessern zu müssen. Andere Eltern hatten das Englisch ihrer Kinder zu Beginn deshalb nicht korrigiert, weil sie ganz entzückt darüber gewesen waren, dass sie sich überhaupt bemühten, es zu sprechen. Alle bestanden darauf, dass Geduld und positive Unterstützung sehr wichtig seien.

Es gibt auch Lehrer und Sprachwissenschaftler, die glauben, dass es ohnehin völlige Zeitverschwendung sei, die sprachlichen Fehler von Kleinkindern zu verbessern. Sie vertreten die Meinung, dass der Spracherwerb bis zu einem bestimmten Grad vorprogrammiert sei und dass kein Kind der Welt, ob ein- oder zweisprachig, eine korrekte

Form benutzen werde, bevor es so weit und in der Lage dazu ist. Dies mag wohl richtig sein und wenn dem so ist, ist es in den ersten Lebensjahren wahrscheinlich wichtiger, das Verbessern von Fehlern zu vergessen und einfach darauf zu achten, dass Ihr Kind die Minoritätssprache so oft wie möglich zu hören bekommt.

Lösungen für andere Probleme der Zweisprachigkeit

Kinder, die Schwierigkeiten haben, mit zwei Sprachen zurechtzukommen

Viele Eltern berichteten, dass sie ihren Kindern bei ihren Hausaufgaben und beim Lesen und Schreiben helfen mussten, vor allem wenn es sich um die Minoritätssprache handelte. Oft wurde die Hilfe der Großeltern in Anspruch genommen, wenn die Eltern stark beschäftigt waren. Einige der Erwachsenen hatten sich bemüht, mit ihren Kindern immer sehr deutlich Englisch zu sprechen, andere hatten zusätzliche schriftliche Übungen mit ihren Kindern gemacht oder deutsche Diktate geübt, um deren Rechtschreibung zu verbessern. Die meisten Eltern konzentrierten ihre Bemühungen darauf, ihren Kindern beim Lesen und Schreiben in beiden Sprachen zu helfen, denn sie sollten nicht nur zwei Sprachen sprechen, sondern sie auch lesen und schreiben können.

Ein englischer Vater erzählte, dass er, wenn sein Sohn ihn bat, etwas auf Deutsch zu wiederholen, das er auf Englisch nicht verstanden hatte, zunächst versuchte, den englischen Satz langsamer und mit einfacherem Wortschatz zu wiederholen.

Einige Kinder benötigten Hilfe bei der Aussprache. Ein deutscher Vater tat alles nur Erdenkliche, um seiner Tochter die Aussprache des deutschen „r" beizubringen. Sie war in der Schule gehänselt worden, weil sie ihren eigenen Nachnamen nicht korrekt aussprechen konnte. Er ließ sie mehrmals täglich den Satz „Ein großes grünes Krokodil kriecht durch den großen Grunewald" üben, bis sie es konnte. Dies mag auch ein guter Satz für ein Kind sein, das Schwierigkeiten bei der Aussprache des englischen „r" hat: „A great big, green crocodile creeps through the great Grunewald". Sie schaffte es bald und hatte danach keine Probleme mehr. Meine eigene Tochter erzählte mir, als sie klein war, von den „dweams" („Twäumen"), die sie nachts hatte. Damals waren die Dinge auch nicht „yellow", sondern „lellow". All diese Fehler verschwanden von selbst, vielleicht deswegen, weil sie die Sprache einfach viel öfter hörte und sprach, als sie älter wurde. Doch manche Kinder mögen Hilfe benötigen, und der Satz dieses Vaters war offensichtlich eine gute Idee. Das Alter ist wahrscheinlich ein wichtiger Faktor, wenn es um die Aussprache geht. Einige meiner erwachsenen deutschen Schüler haben enorme Schwierigkeiten mit der Aussprache von Wörtern wie „huge" und „humour", ganz zu schweigen von „psychologist" und „psychiatrist". Manchmal verzichten wir auch auf den Gebrauch eines Wortes wie „pediatrician" (Kinderarzt) und verwenden die einfachere Bezeichnung „children's doctor". Mit Erwachsenen ist es außerdem schwierig, sie zum Wiederholen von Sätzen mit bestimmten Lauten zu bringen, denn sie fühlen sich albern dabei. Ein frühzeitiger Beginn und viel Übung sind also sehr wichtig.

Die Probleme der Eltern: Sprachverlust, mangelnde Gelegenheit, Englisch zu hören und zu sprechen, Regelschulen

Wie bereits erwähnt, waren sich viele Eltern dieser Gruppe darüber im Klaren, dass ihr Englisch sich auf Grund des mangelnden Gebrauchs und der fehlenden Sprachkontakte verschlechterte. Vielen wurde auch klar, dass dieses Problem nur behoben werden könnte, wenn sie öfter Kontakt mit der englischen Sprache haben würden. Dazu gehörten zum Beispiel: englische Lektüre lesen, englischsprachige Medien hören oder sehen, öfter englischsprachigen Besuch empfangen oder selbst regelmäßig englischsprachige Länder besuchen. In einigen Fällen versuchten sie auch, dem Problem mit der bewussten Erweiterung ihres Freundeskreises durch englische Muttersprachler zu begegnen.

Ein amerikanischer Vater merkte an, dass es automatisch mehr Gelegenheit gibt, mit seinen Kindern zu sprechen, wenn Väter sich an Erziehungsaufgaben und, wann immer möglich, an den Hausarbeiten beteiligen. Aber wir haben bereits beobachtet, dass dies auf Grund der Belastung durch den Beruf oft unmöglich ist. Ein anderer amerikanischer Vater empfahl, dass Eltern, die ihr Kind ohne zusätzliche

Hilfe zweisprachig erziehen, ein „Netzwerk von externer Hilfe" für sich selbst gründen sollten. So waren er und seine Frau vorgegangen, indem sie Vereinen und anderen Organisationen beigetreten waren, in denen Englisch die Sprache der Verständigung war. Sie hatten sich in einem schottischen Tanzclub kennen gelernt, in dem sie immer noch Mitglied waren. Natürlich ist nicht jeder ein Vereinsmensch, aber auch hier geht es letztlich darum, Prioritäten zu setzen.

Was die Probleme betrifft, die Eltern und noch stärker die Kinder mit deutschen Schulen und im Besonderen mit deutschen Englischlehrern gehabt hatten, gab es nur wenige Befragte, die sich bemüht hatten, die Verhältnisse in irgendeiner Weise zu verbessern. Obwohl der Englischunterricht für die Kinder manchmal eine Qual war, zogen es viele Eltern vor, die Probleme nicht mit dem betreffenden Lehrpersonal zu besprechen. Einige dachten, dass damit wenig erreicht werden könnte. Andere zeigten sogar Verständnis für die Lage, in der sich Lehrer mit zweisprachigen Schülern befanden. Die meisten Eltern, die mit den Lehrern gesprochen hatten, hatten die Situation auch nicht verbessern können. Fast alle versuchten, ihren Kindern zu helfen, indem sie die Schwierigkeiten selbst mit ihnen zu Hause besprachen. Doch viele waren der Meinung, dass zweisprachige Kinder als solche in der Schule nicht ignoriert werden sollten, wie es manchmal vorkam. Vielmehr sollte man sie bitten, schwächeren Mitschülern zu helfen, oder versuchen, sie auf andere Weise konstruktiv in den Unterricht einzubeziehen.

Die wichtigsten Punkte

1. Sprachprobleme: Ein Sprachverlust kann durch harte Arbeit vermieden werden, ist aber oft der Preis für Zweisprachigkeit. Zwei Sprachen sprechen, lesen und schreiben zu lernen wird im Allgemeinen als sehr schwierig angesehen.

2. Praktische Probleme: Gesundheitsprobleme der Kinder; starke berufliche Belastung, die den Eltern zu wenig Zeit für ihre Kinder lässt; Mangel an Kontakt zu anderen Muttersprachlern bei den Eltern; Scheidung; wenig kooperative Verwandte und Regelschulen; die Fragen, welche Sprache man sprechen soll in Anwesenheit von Leuten, die die Minoritätssprache nicht verstehen, und wie man reagieren soll, wenn die Kinder die Spra-

chen mischen, Fehler machen oder sich weigern, eine Sprache zu sprechen.

3. Umgang mit praktischen Problemen: Es ist eine gute Idee, sich für eine bestimmte Vorgehensweise zu entscheiden, im Idealfall zu einem frühen Zeitpunkt, und dann daran hart zu arbeiten, damit der Plan eingehalten werden kann; Fertigkeiten wie die Aussprache werden in jungen Jahren erworben, Kinder sollten deshalb so früh wie möglich mit dem Sprechen der zweiten Sprache beginnen; es ist empfehlenswert, nach anderen Sprechern der Minoritätssprache in der Nachbarschaft Ausschau zu halten.

Teil III.

Was Sie erreichen können und wie Sie vorgehen sollten

Wie zufrieden Sie wahrscheinlich sein werden

Der letzte Punkt des Fragebogens bestand aus Fragen, die sich mit den Reaktionen der Eltern auf die Zweisprachigkeit ihrer Kinder befassten. Die Eltern wurden nach den Faktoren befragt, die ihrer Meinung nach für Erfolg oder Misserfolg verantwortlich gewesen waren. Ich fragte auch die Familien, deren Kinder mit sehr wenig Englisch erzogen wurden, ob sie selber, ihre Kinder oder die englischsprachigen Verwandten es in irgendeiner Weise bereut hätten, dass die Kinder nicht besser Englisch sprachen. Schließlich bat ich die Eltern darum, mir zu erzählen, in welchen Bereichen des Alltags ihre Kinder heute die Minoritätssprache verwenden.

Wie Eltern das Ergebnis ihrer zweisprachigen Erziehung beurteilten

Die meisten der befragten Familien, 38 von 45, das heißt über 80 Prozent, gaben an, dass sie mit dem Ergebnis insgesamt zufrieden waren. Dennoch gab es Unterschiede beim Grad der Zufriedenheit. Während vier Familien feststellten, dass ihr Kind in höherem Maße als erwartet zweisprachig geworden sei, hatte eine große Anzahl an Eltern gewisse Vorbehalte oder gemischte Gefühle. Einige unter ihnen argumentierten, dass ihre Kinder nicht als wirklich zweisprachig bezeichnet werden könnten. Dies, meinten sie, läge daran. dass ihrem Englisch eine gewisse Tiefe fehle und ihr Wortschatz im Vergleich zu dem der meisten ihrer muttersprachlichen Altersgenossen begrenzt sei, oder dass ihre Sprache „fast schon zu korrekt ist und deshalb eher gespreizt" klingt, wie es eine Mutter formulierte. Sie schrieb dies der Tatsache zu, dass die Kinder viele der idiomatischen oder umgangssprachlichen Ausdrücke, die den Muttersprachler auszeichnen, nicht verwenden oder sehr oft gar nicht kennen. Viele der

Eltern sagten, dass ihre Kinder im Englischen oder manchmal auch in beiden Sprachen einen begrenzten Wortschatz hätten.

Einige der Befragten bedauerten es, dass ihre Kinder nicht gelernt hatten, Englisch mit dem richtigen Akzent zu sprechen. Andere wiederum fanden es schade, dass sie immer noch Schwierigkeiten damit hatten, verschiedene Dialekte zu verstehen. Einige sagten, dass das Ergebnis ganz allgemein besser hätte ausfallen können, andere, dass sie sich mehr erhofft hätten. Die Äußerung einer Mutter, dass sie insgesamt sehr zufrieden mit dem Englisch ihrer Söhne war, es aber im Verlauf ihrer Kindheit Phasen gegeben hatte, in denen dies nicht der Fall gewesen war, galt zweifellos auch für viele andere Eltern. Etwa in einem Drittel der Familien waren die Eltern insgesamt sehr zufrieden mit der Zweisprachigkeit ihrer Kinder, fügten aber hinzu, dass ihre Kinder nicht alle gleich gut sprachen.

Bis auf eine Ausnahme hatten die Kinder aller zufriedenen Eltern beachtliche Fertigkeiten in der Minoritätssprache Englisch erworben, obgleich es in einigen Fällen lange gedauert hatte, das heißt bis ins mittlere oder späte Teenageralter. (Die Ausnahme war die Familie, die diese Art von Zweisprachigkeit ablehnte. Hier waren beide Elternteile absolut zufrieden mit den Englischkenntnissen ihrer Töchter, obwohl diese nicht annähernd zweisprachig waren).

Von den sieben Familien, die keine Zufriedenheit äußerten, standen vier dem Ergebnis ihrer Bemühungen eher indifferent gegenüber. Eine Mutter gab an, dass sie gegenüber der Zweisprachigkeit immer noch gemischte Gefühle hegte. Eine andere bezweifelte, dass man die Angelegenheit in ihrem speziellen Fall anders hätte handhaben können. Die anderen drei Familien waren eindeutig enttäuscht darüber, dass ihre Kinder keine besseren Englischkenntnisse erlangt hatten.

Wie Eltern ihren Erfolg erklärten

Die Eltern, die diese Frage beantworteten, und das waren die meisten, schrieben den Erfolg ihres Unterfangens drei Hauptfaktoren zu: dem intensiven Kontakt mit der englischen Sprache, der elterlichen Herangehensweise sowie der natürlichen Begabung ihrer Kinder.

Bezüglich des ersten Punktes, dem Kontakt zur englischen Sprache, betonten 17 Paare die große Rolle, die eine zweisprachige Schule für das Erlangen der Zweisprachigkeit ihrer Kinder gespielt hatte. Viele, besonders die englischsprachigen Väter, waren der Meinung, dass es ohne diese Möglichkeit sehr schwierig wenn nicht gar unmöglich gewesen wäre, sie zweisprachig zu erziehen. Eine Mutter von drei Kindern war der Meinung, dass der Erfolg von solchen Möglichkeiten abhänge. Und ein amerikanischer Vater hatte beobachtet, wie seine Kinder mit der englischen Sprache „buchstäblich bombardiert" worden waren als sie in die zweisprachige Schule gingen. Zwei weitere Eltern glaubten ebenfalls, dass es ohne diese Schule Enttäuschung, Frustration und Scheitern gegeben hätte. Als weitere Faktoren, denen eine bedeutende Rolle für den Spracherwerb des Englischen zugeschrieben wurde, wurden die folgenden Punkte erwähnt: englischsprachige Spielgruppen und andere Schulen, vornehmlich die der alliierten Streitkräfte; regelmäßige und längere Besuche in englischsprachigen Ländern; die Tatsache, dass die Kinder in den ersten Jahren fast ständig mit dem englischsprachigen Elternteil zusammen waren.

Zweitens waren viele Eltern der Meinung, dass ihre eigene Vorgehensweise und ihre persönliche Einstellung den Lauf der Dinge positiv beeinflusst hätten. Entschlossenheit, Zielstrebigkeit und Gleichgültigkeit gegenüber der Kritik von Außenstehenden wurden als vorteilhafte persönliche Eigenschaften genannt. Was der Umgang mit den praktischen Problemen angeht, wurden von vielen Eltern Konsequenz bei der Verfolgung der gesetzten Ziele, ein klarer Schlachtplan, ein früher Beginn sowie der Verzicht auf Zwang oder Gewalt als Schlüsselfaktoren des Erfolgs angesehen.

Mehrere Paare hatten den Eindruck gehabt, dass ihre eigene positive Einstellung zu Sprachen im Allgemeinen und insbesondere zu ihrer Muttersprache für den gesamten Prozess des Spracherwerbs sehr hilfreich gewesen war. In einigen Fällen waren auch ihr berufliches Wissen und ihre Erfahrung mit den betreffenden Sprachen, aber auch mit anderen Sprachen und sogar ihre Lehrerfahrung wichtig gewesen. Einige Personen sagten, dass wahrscheinlich auch der allgemeine Bildungsstand der Eltern Auswirkungen darauf hat, in welchem Maße Kinder zweisprachig werden. Ein Vater war der Meinung, dass der Bildungsgrad der Eltern und die Sprachfertigkeiten der Kinder anscheinend zusammenhängen. Er war zu diesem Schluss durch eigene Beobachtungen gekommen und auf Grund von Erfahrungen, die er unter anderem auf Elternabenden gesammelt hatte. (An dieser Stelle sollte aber erwähnt werden, dass es in der Gruppe ein Kind gab, das beide Sprachen fast perfekt beherrschte, dessen Eltern beide mit sechzehn die Schule verlassen hatten. Auch hier gibt es also keine festen Regeln!) In der gleichen Richtung lag der Kommentar eines anderen Elternteils, dass Kinder wahrscheinlich öfter Interesse am Lesen zeigen, wenn ihnen vorgelesen wird oder sie andere Familienmitglieder beim Lesen erleben. Wenn Kinder viel lesen, weil es in der Familie eine Selbstverständlichkeit ist, kann ihnen dies den doppelten Spracherwerb erleichtern. Zum Schluss möchte ich noch einen Vater erwähnen, der selber Fremdsprachen unterrichtete und darin im Hinblick auf die zweisprachige Erziehung seiner eigenen drei Kinder einen Vorteil sah.

Drittens glaubte eine große Anzahl von Eltern, dass ihre Kinder auf Grund ihres natürlichen Sprachtalents beide Sprachen gut gelernt hatten. Ein Vater beharrte darauf, dass manche Kinder eine angeborene Begabung haben, die anderen fehlt. Sein Kommentar: „Man bekommt es mit, dass sie dafür ein Ohr haben. Es gibt so viele Menschen, die die Unterschiede nicht hören können." Dies bezog sich natürlich vor allem auf die Aussprache, auf die Aneignung des richtigen Akzents und der Sprachmelodie. Er war davon überzeugt, dass seine beiden Kinder teilweise deshalb zweisprachig geworden waren, weil sie dieses Gehör für Sprachen hatten.

Schließlich wurde noch eine Vielzahl anderer möglicher Gründe für den Erfolg des Vorhabens angegeben. Einige Eltern glaubten, dass sie einfach Glück gehabt hätten. Eine englische Mutter von zwei Söhnen, die von Haus aus wohl nicht sehr sprachbegabt waren, die aber beide Sprachen ohne Zweifel sehr gut beherrschten, schrieb diese Tatsache teilweise der Unterstützung zu, die ihnen ihr deutscher Vater immer gegeben hatte, seiner guten Beziehung zu der englischen Verwandtschaft und seiner großen Liebe zu England. Eine andere Mutter sagte, dass ihre Mädchen einfach in einer sehr glücklichen Lage gewesen seien. Sie wuchsen in einem rein englischsprachigen Haushalt auf und mussten zwischen ihrer englischen Tagesmutter und den deutschen Menschen, mit denen sie außerhalb des Hauses in Kontakt kamen, immer dolmetschen. Dadurch waren sie in eine Situation gebracht, die der vieler junger Einwanderer vergleichbar ist. Auch sie müssen in den alltäglichen Angelegenheiten mit der Außenwelt für ihre älteren Verwandten als „Dolmetscher" fungieren.

Was hätte anders gemacht werden können?

In ihren Antworten auf diese Frage bezweifelte etwas mehr als die Hälfte der Familien, insgesamt 26, dass vieles hätte anders gemacht werden können. Einige Paare betonten, dass sie in dieser Angelegenheit eigentlich keine andere Wahl gehabt hätten. Eine Mutter betrachtete es als nachteilig, dass sie damals keinen Kontakt zu anderen Personen mit Englisch als Muttersprache gehabt hatte. Und einige Väter bedauerten, dass sie auf Grund ihrer beruflichen Verpflichtungen zu wenig Zeit für ihre Kinder gehabt hatten.

Die meisten Eltern glaubten aber, unter den gegebenen Umständen ihr Bestes getan zu haben. Der englischsprachige Vater von zwei Jungen im Alter von fünf bzw. sieben Jahren, der das Prinzip „eine Person–eine Sprache" gewählt hatte, sagte: „Es mag nicht perfekt sein, was wir tun, aber wir haben keine Ahnung, wie wir es besser machen könnten. B. (seine deutsche Frau) hätte sich einfach nicht wohl dabei gefühlt, wenn sie zu Hause Englisch gesprochen hätte." Ein anderer Vater, der vier Kinder hatte und der es auf dieselbe Art versucht hatte und gescheitert war, meinte: „Du machst es so gut wie du kannst, so, wie es in deiner Familie möglich ist."

Zwei Mütter glaubten, dass es weder möglich noch wünschenswert gewesen wäre, die Aufgabe anders anzugehen. Eltern müssen die Tatsache respektieren, meinten sie, dass Sprache und Kultur der Einheimischen immer sehr wichtig für das Leben der Kinder sind und dass sie aus diesem Grund nicht so erzogen werden sollten, dass sie sich zu sehr von ihren Freunden unterscheiden. Andererseits hielten einige Eltern ihre Kinder von Natur aus für ungeeignet, zweisprachig zu werden. Andere sprachen von mangelnder Unterstützung oder fehlenden Englischkenntnissen seitens ihrer Partner, die der Grund dafür waren, dass sie nicht anders handeln konnten.

Aber ein fast eben so großer Teil der befragten Gruppe hatte das Gefühl, dass es möglich gewesen wäre, die Kinder öfter und mehr Englisch hören und somit besser lernen zu lassen. Rückblickend meinte ein Paar, dass sie eher die „Gebietsstrategie" an Stelle des Verfahrens „eine Person–eine Sprache" hätten verfolgen sollen. Es wäre vielleicht effektiver gewesen. Doch sie ergänzten, dass es natürlich keine Garantie dafür gibt, dass die Dinge damit besser gelaufen wären.

Viele Eltern, vor allem diejenigen, deren Kinder zum Zeitpunkt der Studie älter als 20 Jahre alt waren, bedauerten, dass sie früher keine größeren Anstrengungen unternommen hatten, um geeignete Spielgruppen für ihre Kinder zu finden oder zu gründen. Gleichzeitig wussten die meisten, dass dies keine einfache Aufgabe und ohnehin nur möglich gewesen wäre, wenn genug Muttersprachler der Minoritätssprache in derselben Gegend gelebt hätten. Eine Mutter wies darauf hin, dass dies vor zwanzig Jahren nicht einmal in Berlin der Fall gewesen war. Außerdem wäre es in solchen Spielgruppen vielleicht schwierig gewesen, die Kinder dazu zu bewegen, Englisch miteinander zu sprechen, wenn es für sie doch einfacher gewesen wäre, Deutsch zu sprechen. Deutschsprachigen Erwachsenen würde es genauso ergehen, vermutete ein Vater, wenn es ihnen gelingen sollte, Sprachklubs oder Hobbygruppen zu gründen. Über dieses Thema wurde eine Menge spekuliert. Einige Personen waren optimistisch im Hinblick auf die Möglichkeiten, ein Netzwerk von Leuten mit Englisch als Muttersprache zu bilden. Andere waren da eher skeptisch. Ein Vater merkte an, dass die Gründung von Klubs eine Menge Arbeit und Engagement mit sich bringt, und dass viele Menschen nicht dazu bereit seien, die nötigen Opfer zu bringen. (Inzwischen gibt es eine Reihe von internationalen Klubs, vor allem in Berlin, mit Englisch als Sprache der Verständigung. Bei Unterhaltungen mit Landsleuten in diesen Vereinen fallen die Mitglieder oft aber in ihre jeweilige Muttersprache zurück.)

Einige Eltern würden, müssten sie Kinder heute erneut zweisprachig erziehen, englischsprachige Tagesmütter für sie engagieren, sie in zweisprachige oder internationale Schulen schicken und die heutzutage zugänglichen Medien besser nutzen. Dies würde heute auch das Internet einschließen, denn vor allem für Sprecher von seltenen Minoritätssprachen hat das Internet den zusätzlichen Vorteil, dass es ein Mittel zur Kontaktaufnahme zu anderen Sprechern dieser Sprachen ist. Andere Eltern meinten, dass sie öfter und konsequenter Englisch sprechen würden. Einige dachten sogar, dass häufigere Reisen ins Heimatland helfen würden, besonders, wenn man die Kinder bei Familien mit englischsprachigen Kindern lassen könnte.

Ganz konkret bedauerten einige Eltern, dass sie ihren Kindern nicht schon früher das Lesen und Schreiben beigebracht hatten. Damit hätten sie vielleicht einige Probleme, die ihre Kinder später in der Schule hatten, vermeiden können. Eine Mutter erzählte, dass ihre Tochter schon als Vierjährige Lesen und Schreiben lernen wollte. Eine Kindergärtnerin riet der Mutter aber davon ab, es ihr selbst beizubringen.

Schließlich gab es noch zwei Interviewpartner, die vielleicht im Sinne vieler anderer Mütter und Väter sagten, dass sie in Zukunft dafür sorgen wollten, dass ihre jüngeren Kinder öfter die Möglichkeit haben würden, Englisch zu hören.

Was die Eltern bereuten, die das Projekt Zweisprachigkeit aufgaben

Ich fragte Eltern, die ihre Kinder überwiegend auf Deutsch erzogen hatten, ob sie oder ihre englischsprachigen Verwandten es in irgendeiner Weise bereuten, dass ihre Kinder mit der englischen Sprache und wahrscheinlich auch mit der Kultur ihrer Heimatländer nicht in einem stärkeren Maße vertraut waren. Ich fragte auch, wie die Kinder über diese Situation dachten.

Etwa sechs Familien meinten, dass sie und ihre Verwandten die eher schwachen Englischkenntnisse ihrer Kinder niemals oder nur sehr selten bedauert hatten. Eine Mutter sagte, dass sie die Umstände akzeptiert hatte, die ihr das Vorgehen in dieser Situation diktiert hätten. Eine andere meinte, dass es für sie nie ein Problem gewesen war, dass sie und ihre vier Kinder nicht denselben sprachlichen und kulturellen Hintergrund teilten. Nach Aussage einiger dieser Eltern hätten sich auch ihre englischsprachigen Verwandten selten beklagt oder Enttäuschung darüber gezeigt, dass die Kommunikation mit ihren Kindern etwas schwierig war. Sie fügten hinzu, dass ein gewisser oberflächlicher Kontakt mit Großeltern, Cousins usw. immer möglich gewesen war, in manchen Fällen hätte es geklappt, weil die Kinder den Wunsch nach Essen und Trinken, Spielen, gemeinsamem Singen und ähnlichem hatten und deshalb versuchen mussten, Englisch zu sprechen.

In anderen Fällen wurde das Ausbleiben von großen Enttäuschungen auf die nur losen Familienbande zurückgeführt, die manchmal existierten, weil die Verwandten so weit weg wohnten, oder die sich aus der familiären Situation ergeben hatten. In einigen Familien hatten die Großeltern mehrere englischsprachige Enkelkinder, so dass die geringe Verständigungsmöglichkeit mit den deutschsprachigen Enkeln leichter zu verschmerzen war..

Vier Personen aber berichteten, dass die schwachen Englischkenntnisse ihrer Kinder für sie als Eltern ein Problem darstellten. Zwei

Mütter bedauerten es sehr, dass ihre Kinder mit ihnen nicht Englisch sprachen. Ein Vater sprach von seiner Frustration, fügte aber hinzu, dass er den Kampf noch nicht aufgegeben hatte. Seine beiden Kinder waren damals zwölf und fünfzehn Jahre alt. Ein anderer Vater bedauerte, die Angelegenheit am Anfang nicht sorgfältig genug durchdacht zu haben. (Eine Mutter, die eigentlich nicht in diese Untergruppe gehört, weil ihre zwei Jungen beide Sprachen verhältnismäßig gut beherrschten, bedauerte dennoch, dass deren Englischkenntnisse nicht ausreichten, um mit ihr schwierigere Themen zu diskutieren. Diese Frau hat inzwischen ihren Mann verlassen und lebt wieder in England. Da ihre Kinder in Deutschland geblieben sind, könnte sich das Problem wohl noch verschlimmern.) Die meisten Eltern denken wahrscheinlich nicht daran, dass ihre Ehe scheitern könnte, wenn sie die sprachliche Erziehung ihrer Kinder planen. Angesichts des rasanten Anstiegs der Scheidungsrate sollte diese Frage jedoch nicht völlig ignoriert werden.

Nach den Berichten der Eltern dieser Untergruppe reichten die Englischkenntnisse ihrer Kinder aus, um ernsthafte Schwierigkeiten bei der Kommunikation in englischsprachigen Ländern zu vermeiden. Drei Paare räumten aber ein, dass ihre Verwandten bisweilen frustriert oder enttäuscht gewesen waren. „Frustration ist unvermeidlich, wenn die Großeltern nicht mit ihren Enkeln kommunizieren können" meinte ein britischer Vater. Er hatte vier Kinder aus seiner ersten Ehe mit einer deutschen Frau, die während der Zeit dieser Ehe sehr wenig Englisch gelernt hatten. Seine Mutter hatte sich zwar niemals über mangelnde Kommunikation mit ihren Enkeln beklagt, hatte sich aber sehr gefreut, als ihr Sohn später eine englische Frau heiratete und die Enkelkinder dann schnell Englisch lernten. Endlich konnte sie mit ihnen ein normales Gespräch führen, und es war offensichtlich, dass sie die Situation vorher als schwieriger empfunden hatte als sie zugab. Eine eher ungewöhnliche Reaktion einer englischen Verwandten, wurde von einer Familie berichtet, in der die als anti-deutsch beschriebene Großmutter den Gebrauch der deutschen Sprache in ihrem Haus nicht gestattete.

Einige Kinder in dieser Gruppe bedauerten selbst, dass sie nicht besser Englisch konnten, doch es gab auch andere, die das nicht weiter störte. Einige von denen, die es bedauerten, warfen ihren Eltern vor, nicht entschlossen genug gewesen zu sein und sie nicht gezwungen zu haben in jungen Jahren Englisch zu sprechen. Eine Mutter, die nicht unter den Befragten war, erzählte mir, dass ihr Sohn „wütend" auf sie gewesen war, weil sie seiner Meinung nach „eine einmalige Gelegenheit" vergeudet hatte. Außerdem hatten sogar die Jugendlichen, die ihre geringen Kenntnisse nicht weiter bedauerten, inzwischen verstanden, wie wichtig die englische Sprache für die globale Verständigung geworden ist.

Schließlich sollte ich noch erwähnen, dass Eltern, Kinder und Verwandte innerhalb einer Familie über dieses Thema nicht immer einer Meinung waren oder auf gleiche Weise reagierten. Wenn aber Eltern Bedauern äußerten, waren in den meisten Fällen ihre Kinder auch nicht sehr zufrieden.

Wie die Kinder dieser Familien gegenwärtig ihr Englisch nutzen

Ich entschied mich, eine Frage zu diesem Thema in die Interviews aufzunehmen, da die Häufigkeit, mit der diese jungen Menschen ihr Englisch heute im Alltag gebrauchen, in gewisser Weise als ein weiteres Kriterium für den Erfolg des Unterfangens angesehen werden kann.

Aus achtzehn Familien wurde berichtet, dass die Kinder die englische Sprache entweder in der Schule und zu Hause sowie bei regelmäßigen Auslandsbesuchen häufig gebrauchten. Daneben gab es auch eine ganze Reihe junger Menschen, die beruflich oder als Teil der weiterführenden oder allgemeinen Ausbildung Englisch benutzten.

Elf benötigten die Sprache für ihr Studium an deutschen Universitäten. Fünf davon hatten Anglistik als Hauptfach gewählt und die anderen sechs brauchten es für große Teile des Studiums, unter anderem für Medizin, Jura, Betriebswirtschaft und Ingenieurwesen. (Ausreichende Englischkenntnisse, um einen akademischen Text lesen und verstehen zu können, werden heutzutage natürlich mehr und mehr Grundvoraussetzung für eine wachsende Anzahl von Studienfächern an den meisten deutschen Universitäten.) Ein Student der Luft- und Raumfahrttechnik, der zum Zeitpunkt der Befragung kurz vor einem viermonatigen Praktikum in Sydney stand und ein Jahr an einem College der englischen Luftstreitkräfte studieren wollte, erklärte, dass sein fließendes Englisch ihm bei seinem Studium sehr geholfen hatte. Diese elf Studenten waren aber nicht die einzigen, für die ihre guten

Englischkenntnisse von Vorteil waren. Acht junge Leute besuchten zum Zeitpunkt der Interviews entweder eine Schule oder Universität in den USA oder Großbritannien. Ein Mädchen war gerade von einem einjährigen College-Aufenthalt in England zurückgekehrt, zwei hatten ihre deutsche Schulausbildung für drei bzw. neun Monate unterbrochen, um englische Internate zu besuchen und ein weiteres Mädchen hatte gerade die zwei Jahre Oberstufe an einem englischen Gymnasium abgeschlossen. Alle drei hatten ein so gutes Sprachniveau erreicht, dass sie bei allen Schularbeiten und -aktivitäten ihren englischen Mitschülern in nichts nachstanden. Dies galt auch für die anderen fünf, die an britischen oder amerikanischen Universitäten studierten. Drei davon machten gerade eine Doktorarbeit. Ein Vater erzählte stolz dass seinem Sohn gerade ein Platz an der Oxford University angeboten worden war.

Von den neun, die im Beruf Englisch sprachen, lebten und arbeiteten zwei in den USA, zwei nutzten ihr Englisch in den Verkaufsabteilungen deutscher Firmen und einer hatte gerade auf Grund seiner guten Englischkenntnisse eine Stelle an der Rezeption einer großen Autovermietung erhalten. Die anderen drei arbeiteten als Übersetzer, internationaler Reiseführer und Barmann.

Auch jüngere Kinder sagten, dass sie entweder ein Jahr an einer amerikanischen Schule verbringen oder später an einer englischsprachigen Universität studieren wollten; bei einigen war dies sogar schon beschlossene Sache. Einige hofften, eines Tages in das Heimatland ihres englischsprachigen Elternteils ziehen zu können. Der Berufswunsch von einem Kind war Dolmetscher, ein anderer wollte Landarzt in Florida werden.

Viele Eltern, sogar die, deren Kinder zu dem Zeitpunkt des Interviews nicht mehr so häufig Englisch sprachen, meinten, dass diese die Sprache niemals vergessen würden, auch wenn die Kenntnisse zeitweise etwas „einrosten" würden. Die Kinder teilten diese Meinung in den meisten Fällen. Ein Vater sagte von seinen drei Söhnen: „Ihr Englisch ist ihnen sozusagen eingebrannt, es ist so sehr in ihnen verwurzelt, dass sie es immer verwenden können und niemals vergessen werden."

Die wichtigsten Punkte

1. Die meisten der befragten Familien waren mehr oder weniger zufrieden mit der Zweisprachigkeit ihrer Kinder. Der Erfolg wurde intensivem Kontakt mit der Minoritätssprache, der elterlichen Vorgehensweise und der natürlichen Begabung der Kinder zugeschrieben.

2. Während die eine Hälfte der Gruppe der Meinung war, dass sie nur wenig hätten ändern können, war die andere Hälfte der gegenteiligen Meinung: es wäre besser gewesen, wenn man eine andere Strategie verfolgt hätte oder den Kindern hätte mehr Zugang zur Minoritätssprache verschafft werden sollen.

3. Während einige Eltern und Kinder bedauerten, nicht erfolgreicher gewesen zu sein, akzeptierten andere ihre Situation, weil sie erkannten, dass sie in dieser Angelegenheit keine andere Wahl gehabt hatten.

4. Viele der jungen Menschen sprachen in ihrem beruflichen Umfeld Englisch oder setzten ihre Ausbildung in englischsprachigen Ländern fort. Dies kann als Gradmesser für den Erfolg des Vorhabens angesehen werden.

Die wichtigsten Punkte

Eine Studie dieser Art kann nicht zu allen Fragen von Eltern eine Antwort liefern. Doch die in den Interviews gewonnenen Erkenntnisse stammen aus 45 verschiedenen Familien und enthalten eine Fülle an Informationen, die es erlauben, einige allgemeine Tendenzen aufzuzeigen und vielleicht einige allgemeingültige Aussagen über die Bedingungen zu machen, die die Zweisprachigkeit bei Kindern fördern können. Im folgenden Kapitel möchte ich diese Erkenntnisse noch einmal zusammenfassen sowie einige vorläufige Schlussfolgerungen ziehen.

Mythen und Vorurteile

Bezüglich dieser Frage stimmten die Eltern darin überein, dass sich die Stimmung in der Gesellschaft gewandelt hat. Sie hatten in den letzten Jahrzehnten feststellen können, dass es allgemein weniger Vorurteile in der Gesellschaft gibt. Dies mag daran liegen, dass immer mehr Menschen miterleben, wie Kinder zweisprachig aufwachsen ohne irgendwelche offensichtlichen psychischen Schäden davonzutragen. Das bedeutet nicht, dass die Vorurteile völlig verschwunden sind. Die Eltern begegneten ihnen in allen sozialen Schichten, sogar in Kreisen, die beruflich mit Sprache zu tun hatten. Und auch bei Eltern in gemischtsprachigen Familien, die selbst versuchten oder versucht hatten, ihre Kinder zweisprachig zu erziehen, traten sie auf. Einige Eltern betrachteten ihre Kinder als von Natur aus ungeeignet für Zweisprachigkeit oder glaubten, dass diese mit einer einzigen Sprache glücklicher gewesen wären. Es ist natürlich wahr, dass Kinder unterschiedlich veranlagt sind. Aber selbst einige Kinder, die für ungeeignet gehalten worden waren, entwickelten sich schließlich zu zweisprachigen Menschen, ebenso wie viele derjenigen, die, wenn es um Fremdsprachen ging, als uninteressiert oder untalentiert beschrieben wurden. Hier müssen andere Faktoren hilfreich gewesen sein.

Wenn jemand natürlich dem Kind selbst die Entscheidung überlässt, ob es zweisprachig werden will oder nicht - wie es ein Elternteil tat - werden wahrscheinlich nicht sehr große Fortschritte erzielt. Ebenso unangebracht scheint es mir, Kinder, die sich eine Sprache zwanglos zu Hause aneignen, mit Schülern zu vergleichen, die in der Schule eine Fremdsprache lernen, um dann zu behaupten, dass manche Menschen die Feinheiten der Grammatik niemals erfassen werden. Dies mag sein, aber zu Hause kann mit der richtigen Einstellung und dem richtigen Ansatz eine Menge erreicht werden. Auch eine Verwirrung der Kinder ist normalerweise nur vorübergehend und auf die frühen Jahre beschränkt. Außerdem gibt es keinerlei Anzeichen oder Beweise für die Behauptung, dass ein Kind nur über eine begrenzte Lernfähigkeit verfüge, was folglich auch den Erwerb seines Wortschatzes einschränken würde. In Studien mit Kindern, die zweisprachig deutsch/italienisch waren, wurde deren Wortschatz untersucht und mit dem von italienischen Kindern gleichen Alters und mit vergleichbarem sozialen Hintergrund verglichen. Dabei stellte sich heraus, dass sich der Wortschatz der Zweisprachigen von dem der gleichaltrigen einsprachigen Italiener nicht wesentlich unterschied. Die Forschung zeigt auch, dass es keinen Beweis für einen Zusammenhang zwischen Zweisprachigkeit und schwachen Schulleistungen gibt. Dies scheint einfach ein weiterer Mythos zu sein.

Ein Vater in der Gruppe hatte angemerkt, dass ein Kind nicht deswegen ein großer Athlet wird, bloß weil es zufällig neben einem Fitnessstudio wohnt, und dann den Vergleich gezogen, dass ein Kind auch nicht zweisprachig wird, nur weil es einer gemischtsprachigen Ehe entstammt. Dies ist kein guter Vergleich. Das Kind wird normalerweise von klein auf beide Sprachen zu Hause hören. Auch auf Grund der persönlichen Bedürfnisse des Sprechers der Minoritätssprache in einer gemischtsprachigen Ehe ist es wichtig für dessen Kinder, diese Sprache bis zu einem gewissen Grad zu beherrschen. Eine Sprache zu lernen kann sicherlich nicht mit dem Ausüben einer Sportart oder eines Hobbys verglichen werden. Die Minoritätssprache stellt einen weit wichtigeren Teil im Leben eines Kindes dar. Hätte der Vater, der diese Ansicht vertrat, nicht aufgegeben, hätte er mit seinem Sohn weiter Englisch gesprochen und eine positivere Einstellung gezeigt, wäre das Kind wahrscheinlich zu einem gewissen Grade zweisprachig geworden, auch wenn dies vielleicht schwierig gewesen wäre. Leider führen solche Ansichten dazu, dass Vorurteile verstärkt werden.

Es sollte hier aber abschließend vermerkt werden, dass durch die

Globalisierung und die immer größer werdende Zahl von Mischehen immer mehr Leute verstehen, dass es nicht nur zunehmend wichtig sondern auch möglich ist, zweisprachig zu werden.

Faktoren, die dazu beitragen, dass ein Kind zweisprachig wird

Die in den Interviews gesammelten Informationen ermöglichen einige allgemeine Bemerkungen zu den Bedingungen, unter denen ein Kind aus einer gemischtsprachigen Familie wahrscheinlich zweisprachig wird. Sie erlauben es natürlich nicht, feste Regeln aufzustellen. Aber sie zeigen gewisse Tendenzen auf und erklären zum Beispiel, aus welchen Gründen manche Kinder in solchen Familien in hohem Maße zweisprachig werden und andere nicht. Ich möchte hier erneut die Faktoren nennen, die bei der zweisprachigen Erziehung der Kinder dieser Gruppe eine Rolle gespielt zu haben scheinen, beginnend mit den vermutlich wichtigeren.

Es versteht sich von selbst, dass die wichtigste Voraussetzung zum Erwerb der Zweisprachigkeit die Möglichkeit ist, die Minoritätssprache zu hören. Mindestens ein Elternteil sollte deshalb Muttersprachler in dieser Sprache sein. Es gibt Fälle, in denen es Eltern gelingt, Kinder mit zwei Sprachen zu erziehen, obwohl keiner von beiden eine von den Zielsprachen als Muttersprache hat, aber das ist äußerst selten und stellt eine sehr künstliche Situation dar.

Motivation

Hat eine Familie die Möglichkeit, ein Kind zweisprachig zu erziehen, scheint der zweitwichtigste Faktor die Motivation zu sein, vor allem die des Kindes. Eltern müssen dafür sorgen, dass ihre Kinder eine positive Einstellung zur Minoritätssprache haben bzw. andere Gründe, um diese zu lernen. Die Interviews zeigten, dass es schwierig sein kann, ein Kind zu motivieren, zwei Sprachen zu sprechen, wenn es dafür keine offensichtliche Notwendigkeit gibt. Motivation ist beim Erwerb jeder Fähigkeit ein bedeutender Faktor, wahrscheinlich die Hauptantriebskraft. Kleinkinder lernen zunächst zu sprechen, um ihre menschlichen Grundbedürfnisse zu befriedigen. Wenn sie älter werden, benutzen sie die Sprache in zunehmendem Maße, um im täglichen Miteinander mit anderen Menschen zu kommunizieren. Gibt es keine Notwendigkeit dafür, verwenden viele Kinder eine Sprache verständlicherweise nur widerstrebend. Obwohl sie diese Sprache vielleicht regelmäßig hören, sie verstehen können und vielleicht viel von dem Gehörten behalten haben, werden sie sie oft nicht sprechen, wenn es eine andere, von allen im Umfeld verstandene Sprache gibt, die sie selbst freier und leichter sprechen können. Die meisten unter uns würden vermutlich genauso reagieren. Der Mensch wählt schließlich meistens den Weg des kleinsten Widerstandes.

Sprache als Werkzeug

In diesem Sinne kann Sprache als eine Art Werkzeug angesehen werden. Dies wurde im Verlauf der Interviews deutlich. Eltern erklärten wiederholt, dass ihre Kinder sich solange weigerten, Englisch zu sprechen, bis sie es wirklich brauchten, und dass sie die Künstlichkeit von Situationen spürten. Die Eltern gaben oft genaue Beispiele, wie die Minoritätssprache manchmal von ihren Kindern verwendet wurde. Die Kinder benutzten die Sprache zum Beispiel in Rollenspielen. Eine Mutter erzählte die Geschichte von einem Schuhkauf in England mit ihren vier Kindern. Als sie wieder zu Hause waren, begannen die beiden jüngeren Mädchen „Einkaufen" zu spielen, stellten die Szene, die sie im Schuhgeschäft erlebt hatten, nach und sprachen dabei Englisch. Die Mutter war hocherfreut, denn es war das erste Mal, dass die beiden jüngeren Kinder so viel Englisch gesprochen hatten und sie hatten sich bis dahin bestimmt noch nie auf Englisch miteinander unterhalten. Eine andere Mutter beschrieb ebenfalls, wie ihre Kinder Englisch in Rollenspielen verwendeten. Sie gaben ihren Puppen Anweisungen auf Deutsch, aber für die Gespräche der Puppen untereinander verwendeten sie Englisch.

Es gab auch andere Beispiele dafür, wie die Kinder Sprache benutzt hatten, um bestimmte Ziele zu erreichen. Ein sehr schüchterner Teenager gab zu, dass er sich gewissermaßen „hinter der englischen Sprache versteckte." Komischerweise fühlte er sich wohl, wenn er Englisch sprach. Der Grund dafür war, dass er sozusagen in eine andere Identität schlüpfen konnte. Er wusste auch, dass keiner von ihm erwarten würde, dass er dabei fehlerlos blieb, wie es beim Deutschen der Fall war. Die englische Sprache wurde auch benutzt, um Eltern zu manipulieren. Ein Mädchen drohte, dass sie aufhören würde, Englisch zu sprechen, wenn sie das nicht bekam, was sie haben wollte! Und zwei oft miteinander streitende Geschwister wechselten bei ihren Auseinandersetzungen oft ins Englische, um die Aufmerksamkeit der englischen Stiefmutter auf sich zu ziehen, die damals sehr wenig Deutsch verstand. All diese Beispiele, ebenso wie die von Kindern, die kaum jemals Englisch gesprochen hatten und plötzlich ganze Sätze herausbrachten, als sie ihren Verwandten einen komplizierten Sachverhalt mitzuteilen hatten, zeigen, wie Menschen sich der Sprachen bedienen und sie verwenden, wenn es einen Grund dafür gibt.

Die meisten Interviewpartner stimmten darin überein, dass Sprache auf diese Weise genutzt wurde. Sie beschrieben, wie sie versucht hatten, ihre Kinder zu motivieren, indem sie Situationen schufen, in denen sie Englisch sprechen mussten.

Dennoch glaubten zwei Eltern, wie wir gesehen haben, dass man Kinder erfolgreich da zu bringen kann, eine Sprache zu sprechen, auch wenn es nicht notwendig ist, indem man willkürliche Regeln einführt. Sie waren der Meinung, dass Regeln zu Gewohnheiten werden können, die die Menschen annehmen und an die sie sich halten, obwohl es keinen wirklichen Grund dafür gibt. Die Verwendung der Minoritätssprache könnte zu einer solchen Gewohnheit werden. Meiner Ansicht nach mag dies manchmal funktionieren, aber vielen Familien würden wohl das notwendige Engagement sowie die Zielstrebigkeit, Zeit und Bereitschaft fehlen, die man braucht, um diese Regeln einzuhalten. Außerdem könnte es oft schwierig sein, die Kinder von der Notwendigkeit derartiger Maßnahmen zu überzeugen, da sie nicht zu den üblichen Zwängen und Regeln gehören, die auch von allen ihren Altersgenossen befolgt werden müssen. Es mag also sein, dass sie das alles nur für eine fixe Idee ihrer Eltern halten und gar nicht oder nur widerwillig kooperieren.

Bildungsstand der Eltern

Obwohl mehrere der Befragten der Meinung waren, dass die Bildung der Eltern einen gewissen Einfluss darauf hatte, inwieweit die Kinder zweisprachig wurden, ist es sehr schwierig zu beurteilen, ob das wirklich der Fall ist oder nicht. Insgesamt schien es in dieser Gruppe kein signifikanter Faktor gewesen zu sein. Zwei Kinder, die beide

Sprachen fast gleich gut sprachen, stammten aus Familien, die keinen besonders hohen Bildungsstandard hatten. Gleichzeitig gab es einige Kinder, deren Englischkenntnisse nicht sehr gut waren, obwohl die Eltern Akademiker waren.

Der Fall des Vaters, der Sprachlehrer war und seiner Tochter beim Erlernen der Aussprache des „r" helfen konnte, indem er mit ihr Sätze übte, ist allerdings ein gutes Beispiel dafür, dass bei auftretenden Schwierigkeiten eine akademische Ausbildung hilfreich sein kann. Zweifellos half ihm seine Lehrerfahrung nicht nur bei diesem Problem, sondern auch beim Besprechen der Angelegenheit mit der Lehrerin seiner Tochter. Diese hatte, so erzählte er, die ganze Klasse auf das Problem der Tochter aufmerksam gemacht. Als Lehrer hatte er die Situation schnell erkannt und die Kollegin darauf hingewiesen, dass sie pädagogisch nicht richtig reagiert hatte.

Bezüglich der Kenntnisse der Eltern in beiden Sprachen haben wir gesehen, dass dies den Grad der Zweisprachigkeit bei den Kindern nur dann zu beeinflussen schien, wenn der deutsche Elternteil kein oder nur wenig Englisch sprach.

Die Strategie

Auch die unterschiedlichen Strategien schienen geringere Auswirkungen auf das Ergebnis gehabt zu haben, als man hätte annehmen können. Für einige Kinder war die Strategie „eine Person-eine Sprache" die richtige, manche Eltern bestanden sogar darauf, dass es die einzig richtige sei und es gab einige Kinder, die diese Strategie offensichtlich brauchten. Andere Kinder benötigten anscheinend keinerlei formales Gerüst. Es gab aber keinen wirklichen Beweis dafür, dass die Strategie den Kindern bei der geistigen Trennung der Systeme half, obwohl viele Eltern an diesen Effekt glaubten. Meines Wissens gibt es keine klaren Forschungsergebnisse, die diese Ansicht stützen. Das Prinzip „eine Person-eine Sprache" ist sehr beliebt und erfolgreich, soviel steht fest, aber nicht die einzige Strategie, die funktioniert, wie manche Menschen glauben. Das wurde durch die Familien deutlich, die sich für andere Methoden entschieden hatten und damit genauso erfolgreich gewesen waren.

Aber auch die Argumente der Eltern, die dieses Verfahren ablehnten, haben in dieser Studie keine Bestätigung gefunden: nämlich dass es das Kind verwirren könne; dass es Sprache mit Geschlechterrollen verbinde; dass eine Sprache abgelehnt werden könnte, wenn die Beziehung des Kindes zum Sprecher nicht gut ist. Es mag eine gewisse Wahrheit in diesen Gedanken stecken, aber es ist ebenfalls wahr, dass das Erlernen der jeweiligen Sprachen für Kinder einfacher sein kann, wenn diese mit Personen in Verbindung gebracht werden. Die beste Strategie zu finden mag für Eltern, die die Wahl haben, eine schwierige Aufgabe sein.

Die Studie zeigte, dass manche Kinder Schwierigkeiten damit haben, bei einer Strategie zu bleiben, und dass andere wiederum die Sicherheit einer klaren Politik anscheinend gar nicht brauchen, um zweisprachig zu werden. Die Kinder der zwei Familien, die die Sprachen mischten, konnten alle beide Sprachen mehr oder weniger gleich gut sprechen, und das, obwohl die eine Familie die Sprachen absichtlich mischte und die andere dies tat, weil keine andere Strategie funktionierte. Das Vermischen der Sprachen hat also nicht unbedingt einen negativen Effekt auf den gleichzeitigen Erwerb zweier Sprachen. Es muss wohl neben den Strategien andere Faktoren gegeben haben, die dafür verantwortlich waren, dass diese Kinder in beiden Sprachen so kompetent geworden waren. In der Literatur zur Zweisprachigkeit werden auch weitere Beispiele für erfolgreiche zweisprachige Erziehung von Kindern erwähnt, deren Eltern die Sprachen vermischten.

Die zwei Familien in der Gruppe, die versucht hatten, die so genannte „Sprachzeit-Politik" einzuführen, das heißt die Minoritätssprache nur zu bestimmten, festgelegten Zeiten zu sprechen, fanden diese Methode untauglich. Dies stimmt mit anderen in der Forschungsliteratur beschriebenen erfolglosen Fällen überein.

In der heutigen Zeit, in der mehr und mehr Frauen einer Vollzeitbeschäftigung nachgehen, erhebt sich in Hinblick auf die Wahl einer Strategie die Frage, ob das Prinzip „eine Person-eine Sprache" für alle Familien immer noch realisierbar ist, oder ob es immer schwieriger wird, diese Strategie durchzuhalten. Viele zugezogene Ausländer haben sehr geringe Kenntnisse der Umgebungssprache, wenn ihr erstes Kind geboren wird. Solche Eltern haben nicht viele Auswahlmöglichkeiten, es sei denn, der Sprecher der Majoritätssprache, ist bereit und in der Lage zu Hause die Minoritätssprache zu sprechen. Doch für viele wäre das keine geeignete Lösung. Andererseits gibt es viele Menschen, die in ein neues Land ziehen und bald die Sprache ihrer neuen Heimat sehr gut sprechen oder sie schnell lernen. Manche wollen auch dort eine Vollzeitbeschäftigung annehmen oder sind dazu gezwungen. Dies gilt nicht nur für Männer, sondern immer mehr auch für Frauen. Für diese Menschen wird die Methode „eine Person-eine Sprache" wahrscheinlich nicht sehr effektiv sein, wenn sie den Kontakt des Kindes zur Minoritätssprache nicht auf irgendeine andere Weise fördern können.

Andere Faktoren

Obwohl das Gegenteil sehr oft behauptet wurde, schien die Reihenfolge eines Kindes in der Familie letztendlich keine große Auswirkung auf die sprachliche Kompetenz der Kinder gehabt zu haben. Trotzdem waren sich alle Eltern mit mehr als einem Kind darüber einig, dass die Situation für das erste Kind viel klarer umrissen sei, und dass dieses Kind deshalb bezüglich der Menge, aber auch der Qualität des Englischen, das es zu Hause hörte, definitiv einen leichteren Start als seine jüngeren Geschwister gehabt hatte.

Die Antworten auf die Fragen der Studie, die sich mit dem Kontakt zur englischen Sprache, der persönlichen Einstellung zu Sprachen und der Rolle des Charakters für den Spracherwerb beschäftigten, zeigten, dass diese Punkte äußerst wichtig sind. Jeder der drei Faktoren ist mit den anderen verbunden. Wie bereits erwähnt, stellte es sich heraus, dass Kinder tendenziell mehr Kontakt zur Minoritätssprache und somit größere Chancen hatten, diese Sprache besser zu lernen, wenn ihre Eltern eine positive Einstellung zu Sprachen allgemein und insbesondere zur Zweisprachigkeit hatten und diesem Thema große Wichtigkeit beimaßen. Ähnlich zeigen Eltern wahrscheinlich mehr Entschlossenheit bei der Verfolgung ihrer Ziele, wenn sie eine sehr positive Einstellung dazu haben. Die Einstellung kann so das Handeln beeinflussen, aber auch umgekehrt kann das Handeln einen Einfluss auf die Einstellung haben. Ein extrovertiertes Kind, das gern viel mit anderen spricht, das heißt auf gewisse Art sehr kontaktfreudig ist, wird eine Sprache wahrscheinlich schnell lernen. Der erreichte Erfolg wiederum hat positive Auswirkungen auf die Haltung zum Erlernen von Sprachen allgemein.

Zwei Mütter aus dieser Gruppe waren sehr gut befreundet, obwohl oder vielleicht gerade weil sie sehr unterschiedliche Charaktere hatten. Sie hatten jeweils eine Tochter, und auch diese beiden Mädchen waren so unterschiedlich wie zwei Jugendliche nur sein können. Während eine als außerordentlich schüchterne Person beschrieben wurde, die in allen Situationen sehr zurückhaltend war und immer bestrebt, so wenig wie möglich aufzufallen, war die andere äußerst extravagant. In den Siebzigern, zu einer Zeit, in der jeder Berliner Teenager, der etwas auf sich hielt, nie andere Sachen trug als Jeans und T-Shirt, wurde dieses Kind in Rüschen und Volants zur Schule geschickt. Als ein Lehrer die Mutter darauf hinwies, dass weiße Spitzenhandschuhe nicht wirklich passend seien, um in den Pausen im Sandkasten zu spielen und auf Bäume zu klettern, dachten Mutter und Tochter nochmals darüber nach. Aber das Mädchen genoss es offensichtlich, das sie anders war als die anderen und dadurch Aufmerksamkeit erregte und beschloss, sich nicht verändern zu wollen. Ihre Mutter, in punkto Kleidung ebenfalls gerne ein Blickfang, akzeptierte das. Diese Tochter, inzwischen eine junge Frau, war bei der Befragung anwesend, mit Schmuck überladen, immer noch unkonventionell gekleidet, und es war klar, dass sie es immer noch genoss, sich von den anderen abzuheben. Heute spricht sie beide Sprachen gleich gut, während das andere Mädchen nicht sehr viel Englisch kann. Dieses Mädchen hatte seine Mutter gebeten, nicht mehr auf Englisch mit ihr zu sprechen und diese gab deshalb die Methode „eine Person-eine Sprache" nach relativ kurzer Zeit auf. Die Fortschritte dieser jungen Frau werden nach wie vor dadurch behindert, dass sie immer noch sehr schüchtern ist und nur widerwillig Englisch spricht. Obwohl andere Faktoren natürlich ebenfalls eine Rolle spielen, haben diese Charakterzüge sicherlich einen erheblichen Einfluss auf den Spracherwerb.

Im Hinblick auf den Kontakt zur englischen Sprache kann die Rolle einer zweisprachigen Schule nicht hoch genug bewertet werden, und viele Eltern hielten den Besuch einer solchen Schule für einen entscheidenden Faktor bei dem Erwerb der Zweisprachigkeit. Ebenso wichtig war für sie die Tatsache, dass Berlin eine Großstadt ist, die Menschen, die Englisch lernen wollen, eine Vielzahl an Möglichkeiten bietet. Viele meinten aber, dass die größte Hilfe im Hinblick auf den Kontakt mit der Minoritätssprache wahrscheinlich eine gebührenfreie Schule in Reichweite der Familie sei, die diese Sprache im Lehrplan hat. Es sollte vielleicht an dieser Stelle auch wieder daran erinnert werden, dass die englische Sprache auf Grund ihres weit verbreiteten Gebrauchs und ihrer internationalen Bedeutung wahrscheinlich die am einfachsten zu erlernende Minoritätssprache ist.

Auch die Bedeutung der Sprecher der Minoritätssprache, die beharrlich weiter in ihrer Muttersprache zu ihren Kindern sprechen, selbst wenn diese in der anderen Sprache antworten, darf auf keinen Fall unterschätzt werden. Wie oben erwähnt, sind die Eltern aus der Gruppe der Befragten, die als Kinder Deutsch gehört hatten, es aber erst viel später richtig gelernt und trotzdem muttersprachliche Kompetenz erlangt hatten, ein gutes Beispiel dafür, dass diese Anstrengungen niemals umsonst sind.

Bezüglich des Faktors „Charakter" möchte ich noch einmal auf das Mädchen hinweisen, das als äußerst selbstsicher und energisch beschrieben wurde und das mit dem Bewusstsein aufwuchs, wie wichtig die Zweisprachigkeit und eine multikulturelle Gesellschaft sind. Dennoch gab dieses Mädchen dem sozialen Druck nach und machte selber ausländerfeindliche Bemerkungen, nachdem es auf ähnliche Weise im Kindergarten kritisiert wurde. Kurz danach machte die Familie Urlaub im ehemaligen Jugoslawien, wo das Mädchen laut der Mutter „wie eine Prinzessin" behandelt wurde. Als das Kind bemerkte, wie freundlich die Menschen dort waren, nutzte seine Mutter die Gelegenheit und erinnerte es daran, dass es sich zu Hause in Berlin gegenüber Menschen, die aus fremden Ländern stammten. manchmal sehr unfreundlich verhalten hatte. Sie hoffte, dies würde ihm helfen zu erkennen, wie wichtig es ist, alle Menschen gleich zu behandeln. Sie hatte damit anscheinend Erfolg, und nach dem Urlaub verbesserte sich die Situation. Die meisten Kinder sind sehr verletzlich, wenn es um die Meinungen und Ansichten von Gleichaltrigen geht. Für die meisten ist es sehr schwierig, nicht „mit dem Strom zu schwimmen", wenn der Druck sehr groß wird. Wenn ein Kind sehr selbstbewusst ist und diesen Druck widerstehen kann, wird es wahrscheinlich leichter zweisprachig werden als wenn es unsicher ist. Jugendliche sind jedoch selten völlig immun gegenüber den Meinungen ihrer Altersgenossen.

Schließlich hatten die Eltern aus dieser Gruppe noch der natürlichen Begabung eine beträchtliche Bedeutung beim Spracherwerb zugemessen. Diese spielt bestimmt eine Rolle, wenn es darum geht, zwei Sprachen gleich gut zu sprechen. Aber diese Studie zeigt, dass auch Kinder mit weniger Begabung es schaffen können, wenn alle anderen Umstände günstig sind. Ich erinnere mich an einen Jungen, der inzwischen Englisch und Deutsch mehr oder weniger gleich gut spricht, der mir erzählte, wie schwierig es für ihn war, in der Schule Französisch zu lernen. Doch ich erinnere mich auch an die scherzhaften Worte seiner Mutter, die berichtete, dass er als kleines Kind unter „verbalem Durchfall" litt und buchstäblich von morgens bis abends ohne Unterlass erzählte. Sein natürliches Bedürfnis, ununterbrochen mit seiner Mutter zu reden, die damals wenig Deutsch konnte, muss das offensichtlich mangelnde Sprachtalent ausgeglichen haben.

Die unterschiedliche Bedeutung der Faktoren

Die Gespräche mit den Eltern haben gezeigt, dass all die oben genannten Faktoren wichtig sein mögen, aber dass keiner, mit Ausnahme der Möglichkeit und der Motivation, allein entscheidend ist. Natürlich machen allgemein günstige Bedingungen die Aufgabe einfacher. In einigen Familien erschwerte eine Kombination unglücklicher Umstände den Kindern das Erlernen der englischen Sprache. Ist ein Kind schüchtern, an Sprachen nicht interessiert und hat es verhältnismäßig wenig Kontakt zum Englischen, ist es für den Elternteil, der Englisch als Muttersprache hat, natürlich keine leichte Aufgabe, die richtigen Anreize zu geben. Doch auch in insgesamt ungünstigen Situationen kann ein einzelner Faktor den Ausschlag geben. So kann zum Beispiel die richtige Schule am richtigen Ort, ein großes Sprachinteresse oder das Bedürfnis nach Kommunikation es einem Kind ermöglichen oder zumindest erleichtern, eine zusätzliche Sprache zu lernen. Die meisten Kinder oder Jugendlichen in dieser Studie, die beide Sprache gleich gut sprachen, auch diejenigen, deren Eltern keiner der normalerweise empfohlenen Strategien gefolgt waren, hatten alle über längere Zeit intensiven Kontakt mit der englischen Sprache gehabt oder waren hoch motiviert oder aber zeigten eine große natürliche Begabung.

Die Einstellung der Eltern zu Sprache und Zweisprachigkeit hatte in den meisten Fällen großen Einfluss auf die ihrer Kinder, und die Mütter und Väter mit positiver Einstellung sorgten dafür, dass ihre Kinder so oft wie möglich Englisch hörten. Nur in drei Familien teilten die Kinder die Einstellung ihrer Eltern nicht.

Es schien außerdem der Fall zu sein, dass Kinder, die leicht Englisch lernten, auch eine positive Einstellung zu Sprache hatten und sich gut durchsetzen konnten, beides Eigenschaften, die sich beim Erlernen der englischen Sprache positiv auswirkten. Von neun Kindern, die diese zwei letztgenannten Eigenschaften besaßen, waren sieben auch besonders sprachbegabt. Ebenso hatten von 22, die es leicht fanden, Englisch zu lernen, 18 eine sehr positive Einstellung zu Sprache. Diesen Zusammenhang zwischen Einstellung und Spracherwerb gab es aber nicht, wenn die Auswirkungen negativ waren: von

14 Kindern, die von ihrer Persönlichkeitsstruktur her als nicht sehr geeignet für den Erwerb einer zweiten Sprache galten, hatten in der Tat nur fünf Schwierigkeiten beim Erwerb der Minoritätssprache.

Bezüglich der emotionalen Bindung zwischen den Sprechern dieser Sprache und ihren Kindern stellte es sich heraus, dass Kinder eine sehr positive Einstellung zur Zweisprachigkeit hatten, wenn diese Beziehung sehr eng war.

Außerdem hatten Eltern, die den Spracherwerb ihrer Kinder beeinflusst hatten, sei es in negativer oder positiver Hinsicht, anscheinend auch jeweils negative oder positive Haltungen zu Sprache oder zum Sprachenlernen allgemein. Wie zu erwarten war, scheint es einen direkten Zusammenhang zwischen diesen Faktoren zu geben.

Deutsche Ehepartner, deren mangelnde Englischkenntnisse anscheinend einen negativen Effekt auf die Zweisprachigkeit ihrer Kinder gehabt hatten, hatten auch allgemein negative Einstellungen zu Sprache und Zweisprachigkeit. In diesen Familien hatten die Kinder entsprechend weniger Kontakt zur englischen Sprache.

Haben Eltern eine Wahl?

Es ist wichtig, noch einmal zu überlegen, inwieweit Eltern überhaupt eine Wahl haben, wenn sie an die Frage herangehen, ob sie ihre Kinder zweisprachig erziehen wollen oder nicht. Wie aus dieser Studie klar hervorgeht, hatten einige Eltern gar keine Wahl. Entweder konnte ein Elternteil die andere Sprache nicht sprechen, die beiden mussten also die ‚eine Person-eine Sprache' Strategie wählen, oder weil der deutsche Elternteil die Fremdsprache nicht gut genug beherrschte, kam zumindest die Strategie, bei der die ganze Familie möglichst oft die Minoritätssprache zusammen spricht, nicht in Frage. Dann gab es noch diejenigen Eltern, die deshalb keine Alternative hatten, weil andere Verpflichtungen ihnen nicht genügend Zeit ließen, um ihre Kinder zweisprachig zu erziehen. Für all diese Menschen mögen viele der theoretischen Möglichkeiten in der Praxis nicht gelten. Dies was der Fall bei vielen Familien in dieser Gruppe.

Die meisten der anderen oben besprochenen Faktoren entziehen sich auch oft der Kontrolle der Eltern. Es ist unwahrscheinlich, dass Eltern irgendeinen Einfluss auf Faktoren wie Gesundheit oder Persönlichkeitsstruktur haben, und es ist auch nicht sehr wahrscheinlich, dass sie ihre Einstellungen zur Zweisprachigkeit werden ändern können (obwohl es hier eventuell Raum für Veränderung gibt). Sie werden auch gewiss nicht oft in der Lage sein, zu bestimmen, wie viel sie arbeiten. In Situationen, in denen sie doch die Wahl haben, werden sie sich vielleicht letztendlich mit dem Dilemma konfrontiert sehen, zwischen ihrer persönlichen Karriere und der zweisprachigen Erziehung ihrer Kinder entscheiden zu müssen. Dies wird zwangsläufig eine sehr schwierige Entscheidung sein.

Die Eltern können ihren Kindern am besten helfen, die Minoritätssprache zu erlernen, wenn sie möglichst viele Gelegenheiten schaffen, bei denen diese die Sprache hören können. Wenn Eltern voll berufstätig sind, ist die Einstellung von einer Tagesmutter, die nur die Minoritätssprache spricht, sicherlich eine gute Idee. Damit wird dafür gesorgt, dass die Kinder diese Sprache häufig hören. Eine weitere Möglichkeit ist es, die modernen Medien so viel, wie es nur geht, zu benutzen. Ich kann mir zum Beispiel gut vorstellen, dass man etwas über die nächstgelegene Gruppe finnischer Mütter in Deutschland herausfinden könnte, indem man ihre Internetseite sucht. Es wird auch bestimmt einen großen Unterschied ausmachen, wenn das Kind ein Land öfters besucht, in dem die Minoritätssprache gesprochen und in dem es in ein Umfeld integriert wird, das diese Sprache spricht. Was die Gründung von Vereinen in der näheren Umgebung angeht, oder wie ein Vater es formulierte, von „die Bildung eines Netzwerkes der Sprecher der Minoritätssprache", so wird dies nur möglich sein, wenn die Familie sich in einer Gegend befindet, in der zahlreiche Menschen leben, die diese Sprache sprechen.

Allgemeine Schlussbemerkungen

Bei dem Versuch, aus den Ergebnissen der Studie Schlussfolgerungen zu ziehen, sollte nicht vergessen werden, dass sie in gewisser Weise nicht repräsentativ sind, da die Studie in Familien durchgeführt wurde, die ihre Kinder unter extrem günstigen Bedingungen zweisprachig erzogen haben. Der hohe Anteil der Eltern, die mit dem Ergebnis zufrieden waren, muss im Zusammenhang mit diesen positiven Umständen gesehen werden. Die befragten Eltern selbst berichteten von Fällen, in denen die Familien weit größere Schwierigkeiten hatten, weil ihre Minoritätssprache zum Beispiel Koreanisch oder Armenisch war, obwohl die anderen Bedingungen ansonsten sehr günstig waren.

Die Ergebnisse der Studie lassen darauf schließen, dass die Vorurteile gegenüber Zweisprachigkeit in den letzten Jahrzehnten in beträchtlichem Maße nachgelassen haben. Diese Verbesserung mag aber auch nur in Fällen gelten, in denen die Minoritätssprache ein hohes Prestige genießt. Die Berichte von Eltern, und mitunter auch ihre eigenen Einstellungen, machen klar, dass die zweisprachige Erziehung in gemichtsprachigen Familien manchmal noch als unerwünschtes Experiment angesehen wird, auch wenn es sich offensichtlich um eine günstige Sprachenkombination handelt.

Für Eltern, die in gemischtsprachigen Ehen ihre Kinder zweisprachig zu erziehen versuchen, zeigt diese Studie auch, dass es ratsam ist, zu Beginn einen klar umrissenen Plan zu haben und sich konkrete, erreichbare Ziele zu setzen. Sie macht auch deutlich, dass es eher eine Ausnahme ist, wenn bei dieser Art von Zweisprachigkeit ein Kind beide Sprachen gleich gut beherrscht. Die Eltern sollten deswegen vielleicht die Messlatte nicht zu hoch legen. Die Verständigung unter Menschen ist zwar sehr wichtig, die perfekte Beherrschung von zwei Sprachen ist aber dafür in den meisten Situationen nicht unbedingt notwendig.

Die Studie bestätigt auch, dass die Minoritätssprache im Allgemeinen die schwächere sein wird, und dass es alles andere als eine einfache Aufgabe ist, ein Kind in der besonderen Konstellation einer Mischehe in zwei Sprachen zu erziehen. Normalerweise bedarf es sehr viel Zeit, Geduld und Hingabe. Es erweist sich als äußerst wichtig, beharrlich beim Gebrauch der Minoritätssprache zu sein, um zu gewährleisten dass das Kind zumindest passive Kenntnisse erwirbt. Manchmal, wenn ein Kind später plötzlich anfängt, diese Sprache zu benutzen, wird man feststellen, dass es in den Jahren davor doch schon eine ganze Menge aufgenommen hatte.

Schließlich sollte vielleicht noch einmal erwähnt werden, dass die meisten Interviewpartner in dieser Gruppe der Meinung waren, dass die zweisprachige Erziehung ihrer Kinder zwar schwierig war aber niemals eine unmögliche Aufgabe. Obwohl die Eltern oft merkten, dass sie keine große Wahlmöglichkeit für ihr Vorgehen und nur wenig Kontrolle über die Entwicklung der Dinge hatten, fanden sie, dass es den Versuch wert war. Irgendetwas könne immer erreicht werden, sagte einer der Befragten, und das sei immer besser als gar nichts. Ein lockerer Ton bei der Kommunikation innerhalb der Familie wurde von vielen als wünschenswert angesehen. Die meisten Eltern teilten auch die Ansicht, dass es wahrscheinlich besser funktioniert, wenn ein Kind eine Sprache zu Hause lernt anstatt nur in der Schule.

Hinzufügen möchte ich noch, dass es nicht nur für viele Eltern sondern auch für die meisten der anwesenden jungen Menschen sowie für die in meiner ersten Studie befragten Jugendlichen sehr wichtig war, auf die Vorteile hinzuweisen, die sie in der Zweisprachigkeit sahen. Für die meisten erwies sie sich als eine Bereicherung ihres Lebens. Es war etwas, was ihnen nicht nur beibrachte, mehr Toleranz und Verständnis für andere Völker und Kulturen zu haben, sondern ihnen auch viele Türen öffnete und ihnen Gelegenheiten und Wahlmöglichkeiten in ihrem Leben bot, die sie sonst nicht gehabt hätten.

Ich hoffe, mit diesem Buch einige Fragen beantwortet zu haben, die Sie als Eltern zum Thema Zweisprachigkeit hatten. Und falls Sie an einem Scheideweg stehen oder sich in einer Situation befinden, in der Sie von Zweifeln und Unentschlossenheit geplagt sind, hoffe ich, dass es Ihnen helfen wird, eine Entscheidung zu treffen. Welchen Weg Sie bei der zweisprachigen Erziehung auch immer wählen, ich wünsche Ihnen viel Glück und viel Spaß! Wenn Sie dieses Vorhaben gut organisieren und dennoch auf entspannte Weise vorgehen, bin ich mir sicher, dass Sie es nicht bereuen werden, auch wenn Sie es als harte Arbeit empfinden. Eines Tages werden Sie bestimmt auch feststellen, dass es sich gelohnt hat. Ich bin mir auch sicher, dass Ihr Kind Ihnen eines Tages dankbar dafür sein wird, dass Sie sich diese Mühe gemacht haben.

Die wichtigsten Punkte, an die Sie denken sollten

1. Es ist wichtig, zu einem frühen Zeitpunkt zu entscheiden, wie viel Zeit und Arbeit Sie für das Projekt zu investieren bereit sind und wie viel es Ihnen wert ist.

2. Es bedeutet eine Menge an zusätzlicher Arbeit, ein Kind zweisprachig zu erziehen. Falls Sie Sprecher der Minoritätssprache sind, müssen Sie wahrscheinlich zusätzlich auch mit den Schwierigkeiten fertig werden, die das Leben in einem fremden Land mit sich bringt.

3. Kinder gehen normalerweise den Weg des geringsten Widerstandes. Wenn sie keine wirkliche Notwendigkeit dafür sehen, die Minoritätssprache zu benutzen, werden sie wahrscheinlich keine Lust dazu haben und es nicht tun.

4. Falls Sie sich für eine zweisprachige Erziehung entscheiden, ist es wichtig, auch dann die Minoritätssprache zu sprechen, wenn Ihr Kind sich weigert, diese zu verwenden. Ihre Worte werden wahrscheinlich nicht auf taube Ohren stoßen, obwohl das Wissen des Kindes zunächst passiv bleibt. Kinder nehmen viel mehr auf und speichern mehr als die Eltern wahrnehmen. Später, wenn es sich für sie als ‚notwendig' erweist, überraschen sie plötzlich mit ganzen Sätzen in der Minoritätssprache.

5. Zweisprachige Länder oder Regionen wie Wales in Großbritannien oder Katalonien in Spanien sind nicht ausschließlich von Sprachgenies bevölkert und dennoch werden ihre Bewohner zweisprachig. Ihr Vorteil ist, dass sie beide Sprachen regelmäßig schon in einem sehr frühen Alter hören.

6. Kinder mit geringerem natürlichem Sprachtalent, die in der Schule große Schwierigkeiten beim Erlernen einer Fremdsprache haben, können trotzdem zweisprachig werden, wenn zu Hause die Bedingungen günstig sind.

7. Wenn Sie sich für eine bestimmte Art der zweisprachigen Erziehung entschieden haben und es dabei wirklich schwierig wird oder ihr Kind darunter zu leiden scheint, können Sie immer noch zu einer anderen Strategie wechseln. Eventuell wird es sich als sinnvoll erweisen, eine Methode zu wählen, in dem das Kind die Minoritätssprache in einem formelleren Rahmen lernt, zum Beispiel in Privatstunden oder Abendkursen.

8. Auch wenn Ihr Kind Schwierigkeiten beim Erlernen der zweiten Sprache hat, wird es, wenn Sie in einer systematischen, organisierten Art und Weise und ohne Zwang vorgehen, ganz bestimmt die Minoritätssprache verstehen lernen und sie auch mindestens gut genug sprechen, um damit im Alltag durchzukommen.

9. Es kann sein, dass Sie für den Gebrauch der Minoritätssprache künstliche Situationen kreieren müssen. Sie werden aber auf diese Art und Weise mit Sicherheit mehr für Ihre Kinder erreichen als das, was normalerweise im Fremdsprachenunterricht

in der Schule erreicht werden kann, besonders, wenn die Kinder von Natur aus nicht sehr sprachbegabt sind. Es ist immer eine Bereicherung, mehr als eine Sprache zu können. Sprachen erweitern den Horizont und eröffnen den Zugang zu anderen Kulturen. Sie helfen den Menschen, miteinander zu kommunizieren und toleranter miteinander umzugehen und sind deshalb unverzichtbar für das friedliche Zusammenleben der Völker.